本书获得辽宁省教育厅青年项目"'一带一路'建设背景下
大连自贸片区国际物流发展策略研究"（WQ2020011）资助

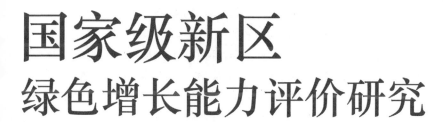

国家级新区
绿色增长能力评价研究

GUOJIA JI XINQU
LYUSE ZENGZHANG NENGLI PINGJIA YANJIU

赵东方 著

中国财经出版传媒集团
经济科学出版社
Economic Science Press

图书在版编目（CIP）数据

国家级新区绿色增长能力评价研究/赵东方著 . --
北京：经济科学出版社，2022.6
  ISBN 978－7－5218－3692－9

  Ⅰ.①国… Ⅱ.①赵… Ⅲ.①经济开发区-绿色经济
-经济发展-研究-中国 Ⅳ.①F127.9

中国版本图书馆 CIP 数据核字（2022）第 085388 号

责任编辑：王柳松
责任校对：刘　昕
责任印制：王世伟

国家级新区绿色增长能力评价研究

赵东方　著

经济科学出版社出版、发行　新华书店经销
社址：北京市海淀区阜成路甲 28 号　邮编：100142
总编部电话：010－88191217　发行部电话：010－88191522
网址：www.esp.com.cn
电子邮箱：esp@esp.com.cn
天猫网店：经济科学出版社旗舰店
网址：http://jjkxcbs.tmall.com
北京季蜂印刷有限公司印装
710×1000　16 开　11.5 印张　170 000 字
2022 年 6 月第 1 版　2022 年 6 月第 1 次印刷
ISBN 978－7－5218－3692－9　定价：52.00 元

自　序

工业革命以来，世界经济得到迅猛发展。与此同时，全球自然环境却遭到了前所未有的破坏。当今的世界，全球气候变暖、生物多样性锐减、土壤荒漠化、海洋环境污染等各种自然环境问题频发。人类逐渐清晰地认识到，不计代价的经济发展会导致巨大的能源消耗、资源消耗，自然环境正在以难以估量的速度恶化，严重危及人与自然的和谐关系，也难以维系人类世代健康发展。若不能有效地转变现有的经济增长方式，实现环境保护与资源节约，人类将付出的不仅仅是经济代价、环境代价，还有人类健康。

绿色增长作为一种追求经济增长同时又能有效解决资源问题与环境问题的新型增长方式，符合传统经济增长方式转型的目标与要求，已被国际社会公认为世界经济转型的突破口和推进可持续发展的新思路。中国正处在社会经济转型的关键期，探索符合中国国情的绿色增长实现路径及其政策支撑体系，从而指导中国绿色增长实践，具有重大的现实意义。

国家级新区是为践行中国重大改革与发展战略任务而设立的综合功能区，也是绿色增长战略发展的重要承载区。国家级新区绿色增长能力的高低，会直接影响绿色增长战略能否顺利实施。因此，客观地评价国家级新区的绿色增长能力，全面地识别国家级新区绿色增长因素，清晰地梳理国家级新区绿色增长能力形成机理，从而在国家级新区层面建立和完善绿色增长的理论体系与方法体系，对国家级新区绿色增长的实践应用具有重要的指导意义。

国家级新区绿色增长能力评价研究这一主题，笔者利用长期从事绿色增长相关的研究积累，立足于中国经济增长方式转型的迫切需求，聚焦国家级新区绿色增长能力的测度和评价，提出提升国家级新区绿色增长能力的对策建议，这些将为中国的国家级新区制定绿色增长战略和管理措施提供很好的思路。

赵东方

2022 年 2 月

前　言

　　绿色增长概念自提出以来，已成为各国寻求经济发展、提升国家竞争力的关键引擎。党的十八届五中全会明确提出要贯彻"创新、协调、绿色、开放、共享"的发展理念。[①] 党的十九大报告提出"必须树立和践行绿水青山就是金山银山的理念"，同时，指出我国要建立的现代化，是"人与自然和谐共生"的现代化。[②] 这些都表明了中国政府走绿色增长道路的决心。2015 年，中国提出绿色发展理念，强调走效率、和谐、可持续的道路，成为中国特色社会主义的鲜亮标志。近年来，中国政府与中国学界积极探讨实现绿色增长的有效途径和有效策略，国家级新区作为践行绿色发展理念的重要载体，其自身具备的绿色增长能力成为助力区域乃至国家绿色发展的重要因素。然而，受制于绿色增长能力的内涵、形成路径以及评价体系等研究的相对滞后，针对如何提升绿色增长能力的实践指导未能达到预期效果，国家级新区绿色增长能力研究仍处于起步阶段，未能取得突破性进展。

　　为此，本书在科学界定绿色增长能力概念内涵的基础上，识别驱动绿色增长能力形成的关键主体，梳理主体间的互动关系，探讨国家级新区绿色增长能力的形成机理，系统地识别国家级新区绿色增长能力的影响因素，构建国家级新区绿色增长能力评价指标体系，构建评价模型并

---

　　① 中国共产党第十八届中央委员会第五次全体会议公报 . www. xinhua. com//politics/2015 - 10/291c1116983078. htm.

　　② 习近平 . 决胜全面建成小康社会夺取新时代中国特色社会主义伟大胜利——在中国共产党第十九次全国代表大会上的报告 . http://news. 12371. cn/2018/101311ARTi1540950310102294. shtml.

予以应用。本书旨在通过改善当前国家级新区绿色增长能力培育问题，更好地促进区域经济、社会、环境协调发展。本书的主要研究内容有以下三点。

（1）深入分析国家级新区绿色增长能力形成机理。在对国家级新区的概念内涵以及绿色增长能力的概念内涵进行界定的基础上，通过文献回顾和理论推演，识别出国家级新区绿色增长能力形成的关键主体，即政府、企业、非政府组织（NGO）、公众，并厘清彼此间存在的互动关系。立足四个主体，梳理出国家级新区绿色增长能力形成的驱动要素，包括政府投入、政府监管与宣传、企业绿色意识、企业绿色实践、非政府组织（NGO）监督与宣传、公众绿色意识、公众绿色消费行为、绿色投资、技术创新、管理创新等要素；从系统论和过程观出发，通过构建国家级新区绿色增长能力贝叶斯网络模型，提炼出国家级新区绿色增长能力形成的关键驱动路径，即｜政府投入/非政府组织（NGO）监督与宣传—企业绿色实践—绿色投资—绿色增长能力｜｜政府投入/非政府组织（NGO）监督与宣传—企业绿色实践—管理创新—绿色增长能力｜以及｜非政府组织（NGO）监督与宣传—公众绿色消费行为—企业绿色意识—技术创新—绿色增长能力｜，并识别出关键的驱动要素，即绿色投资、技术创新、管理创新，从而揭示出国家级新区绿色增长能力的形成过程。

（2）系统地识别国家级新区绿色增长能力的影响因素。立足于国家级新区绿色增长能力的四大驱动主体，筛选出影响国家级新区绿色增长能力的主要因素，并综合运用灰数—决策实验室分析（Grey-DEMATEL）相结合的方法进行影响因素的重要性分析，从而识别出影响国家级新区绿色增长能力的关键因素，并在此基础上对关键因素的原因度、中心度进行分析。从原因度来看，影响国家级新区绿色增长能力建设的原因因素从大到小依次为：法律法规完善性、消费者绿色消费需求、绿色宣传服务力度、政府监管执行力、消费者环保意识。影响国家级新区绿色增长能力建设的结果因素从大到小排序为：当地居民的环境意识、企业员工环境意识与学习能力、企业主要竞争者的绿色管理实践、企业高层管理者的文化水平与绿色意识、企业绿色文化。从中心度来看，影响国家级新区绿色增长能力最重要的两个因素是企业绿色管理实践、绿色技术进步与创新能力，即国家级新区绿色增长能力建设内在机理中的内在驱动力。

（3）测度与评价国家级新区绿色增长能力。基于理论研究结论，从政府支持能力、企业绿色能力、非政府组织（NGO）监督指导、公众参与能力、园区产出效益五个维度，构建国家级新区绿色增长能力评价指标体系，并采用序关系分析法（G1 法）、唯一参照物比较判断法（G2法）、熵值法以及离差最大化法的最优组合赋权法，对中国现有的国家级新区绿色增长能力进行实例应用测度。通过对测算结果进行对比分析，找到不同国家级新区绿色增长能力的差距，基于此，进行国家级新区绿色增长能力提升路径探讨。研究发现，政府支持能力对国家级新区绿色增长能力影响最大，之后是企业绿色能力、园区产出效益、非政府组织（NGO）监督指导、公众参与能力。从各国家级新区来看，上海浦东新区绿色增长能力最大，其他依次是天津滨海新区、广州南沙新区以及大连金普新区。

本书的研究，不仅可实现对国家级新区绿色增长能力的形成机理、影响因素的有效剖析与梳理，还可通过对国家级新区绿色增长能力的科学评价，了解当前国家级新区绿色增长能力的水平，设计国家级新区绿色增长能力的提升路径，为国家级新区发展方式的转变提供新的指导。

赵东方

2022 年 3 月

目　录

第 1 章

绪　论

1.1　研究背景

近年来，全球经济呈现出一种新的发展态势，经济全球化、区域经济集团化同时并存。一个城市若想获得快速且持续的发展，仅仅将目光放在自身所拥有的资源上是远远不够的。城市仍需拓展空间，寻找价值高地，在更大的区域内优化资源配置。目前，从城市副中心逐渐发展形成的城市新区，正在成为区域经济振兴的重要力量。城市新区内的主导产业正以其巨大的辐射潜能向城市周边输出信息、技术、资本和服务，促使其成为城市新的经济增长极，最终推动城市、区域乃至国家的迅速发展。可以认为，城市新区的兴起加快了区域经济一体化进程，推动经济社会的快速发展。随着全球范围内经济的发展，构筑大城市新区已经成为各国间竞争的重要途径之一，中国要想创造新的优势，必须顺应这种经济发展潮流。在此背景下，全国各地力争建立国家级新区，以形成地区经济发展新的增长极。

作为中国第一个国家级新区，上海浦东新区于 1992 年 10 月正式成立。中国第二个国家级新区——天津滨海新区在 1994 年 3 月成立。之后，国家级新区建立工作暂停了 16 年，于 2010 年再次启动。截至目前，中国共设立了 19 个国家级新区，详见表 1 – 1。其中，上海浦东新区、天津滨海新区属于行政区，设有区委、区政府，而其他 17 个国家级新区均属于功能区，只设有国家级新区管理委员会。

表 1 – 1　　　　　　　　国家级新区统计表　　　　　　单位：平方千米

序号	国家级新区名称	获批时间	主体城市	面积
1	上海浦东新区	1992 年 10 月	上海	1210.41
2	天津滨海新区	2006 年 5 月	天津	2270.00
3	重庆两江新区	2010 年 5 月	重庆	1200.00
4	浙江舟山群岛新区	2011 年 6 月	舟山	陆地 1440.00，海域 20800.00
5	兰州新区	2012 年 8 月	兰州	1700.00
6	广州南沙新区	2012 年 9 月	广州	803.00
7	陕西西咸新区	2014 年 1 月	西安、咸阳	882.00
8	贵州贵安新区	2014 年 1 月	贵阳、安顺	1795.00
9	青岛西海岸新区	2014 年 6 月	青岛	陆地 2096.00，海域 5000.00
10	大连金普新区	2014 年 6 月	大连	2299.00
11	四川天府新区	2014 年 10 月	成都、眉山	1578.00
12	湖南湘江新区	2015 年 4 月	长沙	490.00
13	南京江北新区	2015 年 6 月	南京	2451.00
14	福州新区	2015 年 8 月	福州	1892.00
15	云南滇中新区	2015 年 9 月	昆明	482.00
16	哈尔滨新区	2015 年 12 月	哈尔滨	493.00
17	长春新区	2016 年 2 月	长春	499.00
18	江西赣江新区	2016 年 6 月	南昌、九江	465.00
19	河北雄安新区	2017 年 4 月	保定	起步约 100.00，远期 2000.00

资料来源：笔者根据《国家级新区发展报告（2017）》以及各国家级新区官方网站整理而得。

经过 20 多年的发展，国家级新区已初见规模，在中国经济发展过程中发挥了重要的作用，但是，其发展尚存在一些问题。例如，国家级新区内的产业链问题、与科研院校创新互动问题、融资问题①、风险投资机制问题②、国家级新区内循环化管理问题与低碳化管理问题③等。这些问题的存在，无疑将会严重影响国家级新区未来的可持续发展。那么，这些问题为何会存在？同时，这些问题为何迟迟未能得到有效解决？究其原因，是国家级新区绿色增长能力不足造成的。因此，如何加强国家级新区绿色增长能力建设，以推动国家级新区的可持续发展，成为中国政府与学术界急需探讨与研究的难题之一。

2015 年 10 月召开的党的十八届五中全会，明确提出了"创新、协调、绿色、开放、共享"④ 的发展理念，为"十三五"时期中国经济发展指明了新方向。作为关系中国经济可持续发展的一个重要理念，绿色发展对中国区域、产业与企业的经济增长方式转型具有重要的指导意义。一个地区要想实现绿色增长，不仅要对传统产业进行绿色改造，减少资源消耗并降低污染排放，提高其增长质量和增长效益，同时，还要加大绿色投资，倡导绿色消费，促进绿色发展，培育清洁、低碳、环保等战略性新兴产业，其核心在于形成高端化、高质化、低碳化、生态化的绿色产业体系。

综上所述，本书将研究的焦点落在国家级新区的绿色增长能力上，拟解决的关键问题有：国家级新区绿色增长能力应如何形成？应如何识别影响国家级新区绿色增长能力的主要因素？国家级新区绿色增长能力应如何衡量？如何寻求国家级新区绿色增长能力的提升路径？结合上述问题，在对国家级新区绿色增长能力形成机理进行剖析的基础上，运用灰数—决策实验室分析（Grey-DEMATEL）相结合的方法筛选影响国家级新区绿色增长能力的重要因素，并基于此，建立国家级新区绿色增长

---

① 张颖. 国家级新区发展问题研究——以大连金普新区为例［J］. 对外经贸，2015（11）：86 - 87.

② 彭珊. 国家级新区发展的当下问题及其经济政策建构研究［J］. 理论探讨，2016（5）：109 - 113.

③ 赵东方，武春友，商华. 国家级新区绿色增长能力建设影响因素分析［J］. 科技进步与对策，2018，35（12）：34 - 41.

④ 中国共产党第十八届中央委员会第五次全体会议公报. www.xinhua.com//politics/2015 - 10/291c1116983078.htm.

能力评价指标体系，并运用序关系分析法（G1法）、唯一参照物比较判断法（G2法）、熵值法与离差最大化法进行国家级新区绿色增长能力的测算与评价分析，根据所得的结论进行绿色增长能力提升路径分析，为促进国家级新区绿色增长能力建设提供有价值的参考与决策支持。

1.2　研究意义

1.2.1　理论意义

（1）剖析国家级新区绿色增长能力的形成机理

目前，国家级新区绿色增长能力研究处于起步阶段，鲜有文献对国家级新区绿色增长能力的形成机理展开系统分析，缺乏定量化讨论。为此，本书立足于国家级新区绿色增长能力形成的关键主体，识别出国家级新区绿色增长能力形成的动力要素，通过引入贝叶斯网络模型，梳理出国家级新区绿色增长能力形成的关键驱动路径，从而明晰国家级新区绿色增长能力的形成过程，揭示国家级新区绿色增长能力的形成机理。

（2）识别国家级新区绿色增长能力的影响因素

鉴于绿色增长对区域发展的重要性，积极探寻区域绿色增长能力的影响因素成为近年来研究的热点问题。但目前，还缺少针对国家级新区绿色增长能力影响因素的系统性研究成果。因此，本书在对国家级新区绿色增长能力现状分析的基础上，对绿色增长能力进行多角度系统分析，从绿色技术创新能力、环境保护能力、可持续增长能力、政府及公众支撑能力等视角，识别出国家级新区绿色增长能力的影响要素。

（3）构建国家级新区绿色增长能力的评价指标体系并进行实例评价

现有研究尚未能针对国家级新区的特点建立科学、合理的绿色增长能力评价指标体系，也未能设计一种科学的评价方法对当前国家级新区的绿色增长能力进行测度评价。因此，本书基于当前绿色增长的相关研究，结合国家级新区的属性特征，构建国家级新区绿色增长能力评价指标体系，并综合运用序关系分析法（G1 法）、唯一参照物比较判断法（G2 法）、熵值法、离差最大化法等方法，采用组合赋权的方式对有代表性的四个国家级新区的绿色增长能力进行评价。

1.2.2 现实意义

（1）为国家级新区发展方式转变提供新指导

针对当前国家级新区存在资源配置不合理、资源利用水平不高、生态环境保护不力及政策扶持力度不足等问题，本书从绿色增长视角寻求突破国家级新区发展困境的方式。通过分析当前国家级新区绿色增长能力的发展现状，研究绿色增长能力的形成机理，为国家级新区发展方式的转变提供新思路、新指导。

（2）为制定国家级新区相关政策提供科学依据

通过对国家级新区绿色增长能力影响要素进行识别以及对绿色增长能力进行测度评价，本书为培育国家级新区绿色增长能力以及构建相关政策保障体系奠定了理论基础，从而指导政府部门有针对性地制定相关政策法规或规章制度，做到有的放矢。

（3）为寻求国家级新区绿色增长能力提升路径提供决策参考

通过对国家级新区绿色增长能力的评价与对比分析，找到不同国家级新区之间的主要差距，在此基础上，本书探讨了提升国家级新区绿色增长能力的最佳路径，为国家级新区绿色增长能力提升的实践奠定了理论基础，从而为相关政府部门制定国家级新区发展决策提供参考。

1.3 国内外相关工作研究进展

1.3.1 国家级新区相关研究进展

探讨国家级新区绿色增长能力的相关问题，是国家级新区研究领域的新方向与新思路。但是,通过文献梳理发现,目前,聚焦研究国家级新区绿色增长能力的文献较为稀缺。从研究阶段来看,中国国家级新区研究大体分为三个阶段:第一个阶段是 2010 年之前,部分学者对各个国家级新区展开专项研究,更多的是对中国国家级新区发展状况的介绍;第二个阶段是 2011～2013 年,国内外学者开始从不同角度对中国国家级新区的发展理论和发展实践展开论述,极大地丰富了中国国家级新区的研究成果;第三个阶段自 2014 年开始,关于中国国家级新区的相关研究呈指数增长,研究内容虽然正逐渐从分散化研究向聚敛化研究转变,但仍以定性描述为主,对于国家级新区发展背后所隐含的关键内核因素挖掘不足。

国家级新区的早期研究,主要集中在最早设立的几个国家级新区上。例如,上海浦东新区、天津滨海新区,研究内容主要探讨国家级新区发展过程中的产业结构调整、外资利用以及不同国家级新区间的差异。①② 自 2010 年,国家级新区时隔十余年再次启动设立以来,国家级新区大量出现,这也使得学者们开始对国家级新区的一些共性问题展开研究。综上所述,本书对国家级新区的综述研究,主要从以下三个方面进行。

(1)国家级新区管理体制的研究视角

在国家级新区管理体制方面,国内学者普遍认为,国家级新区作为国家级综合配套改革试验区,其管理体制的变迁在一定程度上反映出经济社会发展在转型路径上的改变。③ 例如,郝寿义与曹清峰在剖析国家级新区的战略定位、基本特征与面临问题的基础上,有针对性地提出了国家级新区的发展对策与发展建议,即选择合适的管理体制、实现融资方式多元化与提高内生制度创新能力。④ 王佳宁与罗重谱选取上海浦东

① 刘光卫,刘映芳. 跨国公司投资与区域产业竞争力研究——以上海浦东新区为例 [J]. 经济地理. 2001, 21 (1):47-51.

② 白仲林,李军. 天津滨海新区与上海浦东新区三次产业结构特征及其变迁的比较 [J]. 科学学与科学技术管理, 2003, 24 (7):50-53.

③ 王佳宁,罗重谱. 国家级新区管理体制与功能区实态及其战略取向 [J]. 改革, 2012 (3):21-36.

④ 郝寿义,曹清峰. 论国家级新区 [J]. 贵州社会科学, 2016 (2):26-33.

新区、天津滨海新区、重庆两江新区与浙江舟山群岛新区为研究对象，通过对比分析发现，国家级新区发展路径的选择在很大程度上取决于国家级新区管理体制与国家级新区功能区设置之间的交互影响和协同演进。同样，丁友良也对上海浦东新区、天津滨海新区与重庆两江新区的行政管理体制进行了比较，认为创新行政管理体制，须充分把握国家级新区的特殊性、深刻认识体制改革的渐进性、始终关注体制运行的高效性、重点抓好行政区与功能区的协调性。①

　　国家级新区的发展，一定会依托于一种行政组织机构体系。全国已有 19 个国家级新区，各自根据自身实际情况采取了不同的行政管理体制。② 例如，除上海浦东新区与天津滨海新区以外，重庆两江新区、浙江舟山群岛新区等 17 个国家级新区都设立了省级层面的国家级新区规划建设领导小组。③ 虽然国家级新区往往采取精简行政的组织形式，但仍存在着行政主体资格是否合法的危机，④ 以及体制不顺、职能配置不到位、机构设置不合理等方面的挑战。⑤ 可见，管理体制将会对国家级新区的管理效率和管理效能产生较大的影响，进而决定国家级新区未来的发展方向和效益。倪方树等通过对 19 个国家级新区 1 年多的实地调研，对国家级新区管理体制改革历程、面临的问题及改革的方向等进行了深入研究。⑥

　　（2）国家级新区效应评价的研究视角

　　自 20 世纪 90 年代初，国务院批准设立上海浦东新区以来，国家级

---

　　① 丁友良. 舟山群岛新区行政管理体制创新——基于国家级新区行政管理体制的比较研究 ［J］. 中共浙江省委党校学报. 2013，29（5）：43 - 49.

　　② 朱江涛，卢向虎. 国家级新区行政管理体制比较分析 ［J］. 全球商业经典，2019（3）：48 - 53.

　　③ 吴晓林. 模糊行政：国家级新区管理体制的一种解释 ［J］. 公共管理学报，2017（4）：16 - 26.

　　④ 庄三舵，朱红斌. 困境与出路：大学城管委会身份解析 ［J］. 教育评论，2016（4）：68 - 71.

　　⑤ 刘京，仲伟周. 我国高新区体制回归动因及对策研究 ［J］. 科学学与科学技术管理，2010，31（3）：16 - 19.

　　⑥ 倪方树，蔡思远，李艳旭等. 国家级新区管理体制研究及对河北雄安新区的启示——基于天津滨海新区管理体制的改革实践 ［J］. 城市，2018（8）：49 - 57.

新区的建设已对区域空间组织、区域经济发展等方面产生了明显的辐射带动效应。[①]

目前，已有一些实证研究对国家级新区的实施效果进行了评估。晁恒和李贵才从尺度重构视角建立了分析框架，以此来考察国家级新区治理尺度建构的实践，并采用回归模型实证检验了不同治理类型的经济效应。不同国家级新区所建构的治理尺度在地域空间组织、行政主体构成和权力分配等方面具有显著差异，形成了多样化的治理类型。其中，"市辖区＋合署办公"和"市辖区＋管委会"等治理类型具有较高的经济效应，有助于解决权力边界模糊和治理主体多元等问题，而"市辖县＋管委会"和"跨地市＋管委会"等治理类型则表现出较低的经济效应。对于跨地级市或包含市辖县的国家级新区，需要适时推进"撤县设区"来简化治理主体或通过上级政府的"权力介入"来统一地域发展逻辑。[②]

叶姮等在构建国家级新区发展潜力评价指标体系的基础上，运用广义回归神经网络方法，对9个国家级新区与8个具有重要国家级新区潜质区域的发展潜力进行了测算与评价。其研究结果发现，上海、深圳、广州和天津四个城市拥有的国家级新区发展潜力的优势显著；位于沿海的国家级新区，其经济外向性的发展情况普遍优于位于内陆的国家级新区；位于内陆的重庆两江新区在规模总量和经济外向性上优势明显，是唯一一个能与上海浦东新区、广州南沙新区和天津滨海新区相媲美的位于内陆的国家级新区。[③]

齐元静等以深圳特区、上海浦东新区和天津滨海新区为例，定量考察了国家节点战略对中国区域经济格局演变的影响。其研究发现，中国区域政策的发展历程大致可分为三个阶段：第一阶段是探索阶段，主要以经济特区为"龙头"；第二阶段是推广阶段，以经济技术开发区为主

---

① Li L. State rescaling and national new area development in China: The case of Chongqing Liangjiang [J]. Habitat International, 2015, 50: 80 – 89.

② 晁恒，李贵才. 国家级新区的治理尺度建构及其经济效应评价 [J]. 地理研究. 2020, 39 (3): 495 – 507.

③ 叶姮，李贵才，李莉等. 国家级新区功能定位及发展建议——基于 GRNN 潜力评价方法 [J]. 经济地理, 2015, 35 (2): 92 – 99.

导；第三阶段是优化阶段，以国家级新区与国家综合配套改革试验区为
载体进行研究。其中，国家节点战略在此过程中发挥了重要的示范作用
与引领作用，推动了中国区域政策由点及面螺旋式演进，在此过程中，
政府的角色也发生了相应转变。① 范巧和王成纲将绝对经济联系和引力
模型等理论与方法相结合，对重庆两江新区的辐射带动程度进行了量化
评价。其结果发现，重庆两江新区辐射带动重庆市内区县的拉力效应不
太稳定、推力效应尚未形成，但综合推拉力效应呈现上升趋势，表明重
庆两江新区具有成为区域经济增长极的潜力。② 此外，范巧和吴丽娜基
于组织创新虚拟变量，分解、评估了 16 个国家级新区对属地省份经济
增长的影响效应。其结果显示，国家级新区从总体上对属地省份经济增
长具有正向影响；在中国东北地区、西北地区的国家级新区对属地省份
经济增长具有正向激励效应；在中国南方地区的国家级新区对属地省份
经济增长具有负向激励效应。③ 倪方树等在系统阐述了五大发展理念对
国家级新区重要指导意义的基础上，构建了包含 5 个一级指标和 16 个二
级指标的国家级新区评价指标体系，从而为未来中国国家级新区定量化
评估、监测和动态管理提供了依据。④ 李明奎等结合国家级新区环境管
理的特点，利用层次分析法和模糊综合评价法，建立了国家级新区环境
绩效评估指标体系，并选取青岛西海岸新区为研究对象，对其环境绩效
进行了测算与评价。其研究发现，国家级新区环境管理整体上处于良好
状态，加强国家级新区功能建设和强化环境管制是未来提升国家级新区
环境绩效的重点领域。⑤ 焦露等在构建了国家级新区资源环境承载力评

① 齐元静，金凤君，刘涛等．国家节点战略的实施路径及其经济效应评价 [J]．地理学
报，2016，71（12）：41-56.
② 范巧，王成纲．国家级新区辐射带动力评价及其影响因素分解——以重庆两江新区为
例 [J]．技术经济，2017，36（1）：80-89.
③ 范巧，吴丽娜．国家级新区对属地省份经济增长影响效应评估 [J]．城市问题，2018
（4）：48-58.
④ 倪方树，王家庭，曹清峰等．国家级新区评价指标体系构建及对河北雄安新区发展的
启示——基于五大发展理念的视角 [J]．城市，2017（6）：3-8.
⑤ 李明奎，石磊，谭雪．国家级新区环境绩效评估指标体系构建与应用初探 [J]．环境
保护，2016，44（23）：31-34.

价指标体系的基础上，从自然资源、环境和社会经济三方面对贵州贵安新区资源环境承载力进行了系统评价。其结果表明，贵州贵安新区资源现状优势明显，自然资源承载力水平较高，但其经济基础较差，在自然和社会和谐发展及经济快速增长的多重需求背景下，国家级新区面临的生态环境压力将会不断增大，其资源环境综合承载力有待进一步提高。[①]

（3）国家级新区影响因素的研究视角

国家级新区作为承载国家改革发展战略任务的综合功能区，其发展能力直接决定了其能否完成国家任务。除了地理区位、自然资源等自然条件外，特定的社会经济条件对国家级的新区发展也具有深远的影响。自然状况是城市形成与发展的必要条件，而确保城市不断发展的充分条件，则是社会经济因素。

首先，关于政治因素，国家级新区的设立是一种"自上而下"的活动，具有强烈的政府意愿。[②] 政治因素是指，由政府制定的一系列为了保证国家级新区经济更好发展的政策总和，其制定的目标是保证资源在国家级新区内的优化配置，从而更好地完成国家级新区的特殊使命。这些政策主要包括财政政策、经济政策、产业政策、投资政策、创新政策等一系列发展政策。具体而言，这些政策应该涉及提高国家级新区竞争力、优化国家级新区土地规划、引导和控制国家级新区空间发展方向、农村改造标准与吸引外资政策等。[③]

政府在国家级新区的设立与发展中，起着决定性作用。政府是社会整体利益的代言人，国家级新区的设立和发展需要实现社会效益；政府又是社会经济发展的管理者和决策者，可以通过相关法律法规系统化管控国家级新区发展。改革开放以来，政府制定了优先开放发展沿海地区的战略规划，设立了深圳经济特区、长三角地区、珠三角地区等经济优

① 焦露，杨睿，郭琳. 国家级新区资源环境承载力评估研究——以贵安新区为例 [J]. 四川理工学院学报（社会科学版），2017，32（5）：87－100.

② 陈有川. 基于规划视角的城市发展动力体系建构 [J]. 规划师，2007，23（1）：56－58.

③ 曾静. 基于科技进步的城市文化发展 [D]. 长沙：中南大学，2004.

先发展区,在几十年的时间里,这些地区已经成为中国经济发展的"龙头"带动区域。目前,得益于政策优势,这些区域的国家级新区已经成为属地省份的发展核心,形成了良好的"火车头"效应。随着国家级新区发展逐步得到完善,应承担更多的社会管理职能,从而带动区域综合发展。①

其次,在经济因素方面,政治因素是国家级新区发展壮大的前提条件,经济因素则是不断推动国家级新区发展的主要动力。这些经济因素主要包括,国家级新区资金支持、产业结构、品牌建设与对外开放度等。作为联系要素资源的导航器,资本是国家级新区经济发展的直接助推力,具体表现为金融资本的体量、来源以及金融业的发展情况等,其衡量指标主要包括,固定资产投资额、银行年末贷款余额与金融保险业所占比重等。

科学合理的产业结构可使国家级新区资源得到最大化的合理配置,统筹协调一、二、三产业比重,可以保证国家级新区在不同的发展阶段都能够得到充足的动力支持。除此之外,合理的产业结构,可以使集群企业之间的专业化分工和专业化协作获得低成本优势,而基于技术创新的强劲发展优势也可以通过知识溢出和协同创新获得。②

随着中国经济的不断发展,要素市场的竞争也越来越激烈,因此,实施国家级新区品牌战略,是提升国家级新区竞争力不可或缺的一环。良好的品牌形象,可以显著地提高国家级新区知名度,进而可以引导要素流向。因此,充分利用电视、网络、户外广告等方式进行品牌传播,可以保证国家级新区在未来获得发展必需的资源。

对外开放可以为国家级新区带来资本、人才、先进的管理理念和管理方法,保证源源不断地为国家级新区输入新鲜血液。国家级新区的开放程度,对于增加技术创新源、强化研发、促进各生产要素合理流动以及再生资源的创造、创新,具有显著的影响。

---

① 郭御龙,张梦时.中国国家级新区的研究述评与趋势展望 [J].区域发展,2021 (7):69-73.

② 张颖,陈波.国家高新区竞争力影响因素及对策分析 [J].现代商业,2012 (12):184-185.

再次，作为城市发展的基础保障系统，社会因素主要包括两方面，即城市基础设施建设与人力资源，主体为人类及其社会活动。①

作为保证国家级新区可持续发展的前提条件，基础设施主要包括公共生活服务设施、交通条件和通信网络等。② 良好的基础设施不仅为国家级新区各产业的发展提供良好的平台，同时，对于吸引其他生产要素，加速国家级新区经济活动具有基础性作用，否则，薄弱的基础设施就会对今后的经济发展产生制约，阻碍国家级新区的发展。

人才资本是国家级新区发展的软实力之一，是促进国家级新区又快又好发展的关键。基于罗默（Romer，1986）的知识溢出模型和卢卡斯（Lucas，1988）的人力资本溢出模型可知，内生技术进步是推动经济增长的关键，人力资本积累则成为推动经济持续增长的重要力量之一。③ 一是在其他条件具备的情况下，人力资源规模越大，国家级新区内的产业规模也就越大；二是某种类型人才资源的聚集，将会使相关产业形成比较优势，进而成为吸引其他产业的重要来源；三是人力资源的素质，对国家级新区产业的竞争优势具有最直接、最显著的影响，同时，也决定了国家级新区未来的成长性。

最后，环境因素是国家级新区赖以存在的必要条件，同时，也是吸引其他资源的重要条件（如人才和产业）。一方面，国家级新区的资源配置能力越强，其资源利用效率就越高，越有利于降低成本、节约能源，提升综合利润；另一方面，如果国家级新区环境差、污染严重，会破坏企业的生产要素，给企业造成不必要的损失。因此，从战略目标来看，环境生态系统对于国家级新区维持持久生命力意义重大。

① 马胜虎. 城市新区经济发展的动力及路径研究——对兰州新区经济发展的思考 [D]. 重庆：重庆大学，2012.

② 方玉梅. 高新区创新能力形成机理研究 [J]. 科技管理研究，2010，30（12）：8 – 10.

③ 陈浩. 广东高新区发展的瓶颈制约因素 [J]. 经济导刊，2010（6）：66 – 67.

1.3.2　绿色增长相关研究进展

（1）绿色增长的概念界定

绿色增长概念的提出，始于 21 世纪初，但未能得到社会各界的重视。2005 年，联合国亚太经济与社会委员会（UNESCAP）首次正式提出绿色增长，认为绿色增长是为推动低碳社会建设，惠及社会所有成员的发展而采取的环境可持续的经济过程。[①] 此概念的诠释仅包含了经济属性，并未阐明其自然属性与方法论，因此，具有较强的抽象性。经济合作与发展组织（OECD）提出："绿色增长是在防止代价昂贵的环境破坏、气候变化、生物多样化丧失及以不可持续的方式使用自然资源的同时，追求经济增长和经济发展。"[②] 虽然此定义考虑了环境成本，但是，缺乏全局性与公平性。经济合作与发展组织（OECD）将绿色增长的定义修订为："在确保自然资产能继续提供人类福祉所需的资源和环境服务的同时，促进经济增长和发展。"[③] 此内涵阐明了经济、资源、环境与公平之间的相互关系，因其表述更加完整，成为目前为止接受度最高的一种定义。

除了联合国亚太经济与社会委员会（U. N. Economic and Social Commission for Asia and the Pacific，UNESCAP）、经济合作与发展组织（OECD）外，全球绿色增长研究所（GGGI）认为，绿色增长是指，在经济增长和经济发展的同时，减少碳排放，增加可持续性，增强气候的适应能力[④]，此解读强调了生产活动对气候变化的影响。尼尔森·M. 等（Nielsen M. et al.）认为，绿色增长是一种福利的额外增长，需要通过提高管理效率、引进先进技术，以及减少外部性而获得净利润来实现。[⑤]

---

① UNESCAP. MCED 2005 bulletin：A summary report of the fifth ministerial conference on environment and development in Asia and the Pacific [R]. Seoul：International Institute for Sustainable Development（IISD），2005.

② OECD. Declaration on green growth [R]. Paris：OECD，2009.

③ OECD. Towards green growth [R]. Paris：OECD，2011.

④ GGGI. GGGI informational brochure [R]. Seoul：GGGI，2010.

⑤ Nielsen M.，Ravensbeck L.，Nielsen R. Green growth in fisheries [J]. Marine Policy，2014，46：43－52.

随着研究的深入，绿色增长除包括经济增长与环境保护两方面内容外，还被赋予了更多新的内涵。例如，以绿色产业与绿色技术为基础创造新的就业机会①、提高资源效率并以此为基础获得外部的绿色投资、资源节约型工艺和产品的强制性创新等。② 可以认为，学者们关于绿色增长概念的界定在不断深化与完善，其被赋予的意义也在不断丰富。绿色增长特别关注了经济子系统的发展方式问题，强调通过技术、创新和投资等手段推动经济发展。③

此外，近年来有学者从能力建设的角度对绿色增长相关问题展开了研究，并提出了绿色增长能力这一新的概念。孟晓飞和刘洪从企业内部角度出发，指出绿色化能力是认识绿色资产并将绿色资产转化为消费者创造绿色价值的能力。④ 赵东方等将绿色化能力划分为技术能力、管理能力、制度能力与文化能力四种能力。⑤ 张旭和杜瑶在对绿色增长战略参与主体的相关能力及其相互关系进行分析的基础上，构建了绿色增长战略实施的能力体系。⑥ 而盖伯乐·C. B. 等（Gabler C. B. et al.）认为，绿色能力可以使企业的人力资源、商业资源和技术资源得到充分利用，而环境导向和组织创新能力对企业发展的绿色能力具有重要作用。⑦

（2）绿色增长的影响因素

目前，国内外学者已对绿色增长的影响因素进行了一些研究，为绿色

① Newman L. , Dale A. Limits to growth rates in an ethereal economy [J]. Futures, 2008, 40 (3): 261 – 267.

② Government H. The UK renewable energy strategy [R]. London: The Stationery Office (TSO), 2009.

③ 商迪，李华晶，姚珺. 绿色经济、绿色增长和绿色发展：概念内涵与研究评析 [J]. 外国经济与管理，2020，42（12）：134 – 151.

④ 孟晓飞，刘洪. 绿色管理塑造企业绿色竞争优势 [J]. 华东经济管理，2003，17（4）：76 – 78.

⑤ 赵东方，武春友，商华. 国家级新区绿色增长能力提升路径研究 [J]. 当代经济管理，2017，39（12）：16 – 20.

⑥ 张旭，杜瑶. 绿色增长战略实施能力体系研究 [J]. 科研管理，2014，35（12）：153 – 159.

⑦ Gabler C. B. , Jr R. G. R. , Rapp A. Developing an eco-capability through environmental orientation and organizational innovativeness [J]. Industrial Marketing Management, 2015, 45 (1): 151 – 161.

增长的驱动机理及驱动模式的研究奠定了基础。经济合作与发展组织（OECD）提出，良好的政策是影响绿色增长战略实现的核心。[①] 施马兰西·R.（Schmalensee R.）认为，能源政策与环境政策对绿色增长有积极的推进作用。[②] 米塔尔·V. K. 等（Mittal V. K. et al.）在分析开展绿色生产实践的动因时发现，激励、供应链压力、绿色技术以及公众印象等因素，对企业开展绿色生产行为具有积极作用。[③] 在促进绿色增长实现的过程中，需要设计和组合使用各种政策工具。

此外，一些研究发现，在制造业行业中，环境教育、内部利益所有者和外部利益所有者的压力、环境法规、企业社会责任等因素，均可以促进其绿色增长的实现。同时，缺乏环境知识、缺少新技术和研发投入、缺少环境意识等因素，都会抑制制造业的绿色增长。普勒格·R. 和维特根·C.（Ploeg R. and Withagen C.）将研发补贴和碳排放税两种措施的结合使用作为实现绿色增长的最佳路径。[④] 温菲尔德·M. 和多尔特·B.（Winfield M. and Dolter B.）认为，再生能源领域的经济发展信息要想发挥对区域经济绿色增长的积极影响，需要来自绿色能源法案与绿色经济法案的支撑。[⑤] 李玲和陶锋（2012）研究发现，当前，中国重度污染产业的环境规制强度相对合理，能够有效地促进产业绿色全要素生产率的提高；而中度污染产业、轻度污染产业的环境规制强度与绿色全要素生产率却呈现"U"形关系。[⑥] 王志平等在对中国省级层面的绿色技术效率进行测度的基础上，从技术、制度、产业等视角对影响绿色

① OECD. Interim report of the green growth strategy: Implementing our commitment for a sustainable future [R]. Paris: OECD, 2010.

② Schmalensee R. From "Green Growth" to sound policies: An overview [J]. Energy Economics, 2012, 34: S2 – S6.

③ Mittal V. K., Egede P., Herrmann C., et al. Comparison of drivers and barriers to green manufacturing: A case of India and Germany [M]. Springer Singapore, 2013: 723 – 728.

④ Van Der Ploeg R., Withagen C. Green growth, green paradox and the global economic crisis [J]. Environmental Innovation and Societal Transitions, 2013 (6): 116 – 119.

⑤ Winfield M., Dolter B. Energy, economic and environmental discourses and their policy impact: The case of Ontario's Green Energy and Green Economy Act [J]. Energy Policy, 2014, 68: 423 – 435.

⑥ 李玲，陶锋. 中国制造业最优环境规制强度的选择——基于绿色全要素生产率的视角 [J]. 中国工业经济, 2012 (5): 70 – 82.

技术效率的主要因素进行了识别与分析。① 张江雪等研究发现，行政型环境规制和市场型环境规制对工业绿色增长具有显著影响，而公众参与型环境规制的影响却不明显。② 周英男等应用扎根理论方法，共识别出影响因素的 3 个核心范畴，分别是政策环境、政策属性和利益相关者的博弈，3 个范畴下共识别出 9 个核心影响因素，分别是政策环境范畴下的国际经验与压力、综合国力、环境容量和价值观念；政策属性范畴下的政策战略高度、政策评估效果和政策经验；利益相关者的博弈范畴下的政策制定者的认知和目标群体的诉求。③

学者们还发现，科技创新是推动绿色增长实现的根本。④⑤ 高红贵研究发现，技术进步对提高绿色全要素生产率增长具有积极的正向影响。⑥ 周五七和武戈研究发现，技术进步能有效地促进工业绿色全要素生产率提高，而技术效率却对工业绿色全要素生产率具有抑制作用。⑦ 王珊珊以中国和 11 个经济合作与发展组织（OECD）国家为研究对象，分析了绿色创新、外商直接投资、环境规制和城市化水平对绿色增长的影响作用。⑧ 而张江雪和朱磊发现，绿色增长对技术创新具有指导和约束的双重作用，环境因素对工业企业技术创新效率的提高具有积极作用。⑨ 此

①　王志平，陶长琪，沈鹏熠. 基于生态足迹的区域绿色技术效率及其影响因素研究 [J]. 中国人口资源与环境，2014，24（1）：35–40.

②　张江雪，蔡宁，杨陈. 环境规制对中国工业绿色增长指数的影响 [J]. 中国人口·资源与环境，2015，25（1）：24–31.

③　周英男，杨文晶，杨丹. 中国绿色增长政策影响因素提取及建构研究 [J]. 科学学与科学技术管理，2017，38（2）：12–19.

④　李丁. 科技在推进经济绿色增长中的作用 [J]. 经济研究参考，2011（1）：44–48.

⑤　Padilla-Pérez R.，Gaudin Y. Science，technology and innovation policies in small and developing economies：The case of Central America [J]. Research Policy，2014，43（4）：749–759.

⑥　高红贵. 中国绿色经济发展中的诸方博弈研究 [J]. 中国人口·资源与环境，2012，22（4）：13–18.

⑦　周五七，武戈. 低碳约束的工业绿色生产率增长及其影响因素实证分析 [J]. 中国科技论坛，2014（8）：67–73.

⑧　王珊珊. 基于脱钩的绿色增长及影响因素：国际比较研究 [D]. 大连：大连理工大学，2016.

⑨　张江雪，朱磊. 基于绿色增长的我国各地区工业企业技术创新效率研究 [J]. 数量经济技术经济研究，2012（2）：113–125.

外，张江雪等研究还发现，自主创新对行业绿色增长指数的影响，大于技术引进的影响。[1]

（3）绿色增长的测度与评价

目前，国内外学者关于绿色增长的测度与评价，主要集中在区域层面、产业层面与企业层面。

第一，在区域层面上，基姆·S. E. 等（Kim S. E. et al.）以经济合作与发展组织（OECD）的 30 个成员国为例，从生产、消费、自然、生活、政策五个方面，构建绿色增长评价的指标体系，并对国家绿色增长水平进行了差异化分析。其结果表明，韩国的绿色增长水平位居第 17 位，其中，自然资产与生活质量两个维度的得分较高，而经济发展维度的得分较低。[2] 穆桑戈·J. K. 等（Musango J. K. et al.）基于系统动力学的方法对南非绿色经济进行了评价，结果发现相关干预措施能够促进各行业尤其是电力部门的节能减排。[3] 此外，郭·L. L. 等（Guo L. L. et al.）利用系统动力学模型，对中国工业省份——辽宁省的绿色增长实现路径进行了量化评价与仿真分析。[4] 巴盖里·M. 等（Bagheri M. et al.）通过构建多要素能源投入—产出模型对加拿大的绿色增长计划进行评价，并指出加拿大实现绿色增长的潜在路径是在最小的环境压力下创造经济与就业的双重增长。[5] 郭·L. L. 等（Guo L. L. et al.）利用结构方程模型对中国的区域绿色增长实践进行了量化评价，结果发现，环境规制对促进区域绿色增长具有消极影响，而技术创新却能够直接推动区域

① 张江雪，蔡宁，毛建素，等. 自主创新、技术引进与中国工业绿色增长——基于行业异质性的实证研究 [J]. 科学学研究，2015，33（2）：185 – 194.

② Kim S. E. , Kim H. , Chae Y. A new approach to measuring green growth：Application to the OECD and Korea [J]. Futures，2014（63）：37 – 48.

③ Musango J. K. , Brent A. C. , Bassi A. M. Modelling the transition towards a green economy in South Africa [J]. Technological Forecasting & Social Change，2014，87（9）：257 – 273.

④ Guo L. L. , Qu Y. , Wu C. Y. , et al. Identifying a pathway towards green growth of Chinese industrial regions based on a system dynamics approach [J]. Resources Conservation & Recycling，2018，128：143 – 154.

⑤ Bagheri M. , Guevara Z. , Alikarami M. , et al. Green growth planning：A multi – factor energy input – output analysis of the Canadian economy [J]. Energy Economics，2018（74）：708 – 720.

绿色增长。[①] 吴武林和周小亮在构建了包容性绿色增长评价指标体系的基础上，利用熵权法对中国省际包容性绿色增长指数进行了测度与评价。其结果表明，中国的省际包容性绿色增长的不平衡、不协调、不充分问题十分严重，东部地区包容性绿色增长指数较高，但出现了停滞不前或降低的趋势；中西部地区包容性绿色增长指数普遍较低，但其中很多省份呈现明显的上升趋势。[②]

第二，在产业层面上，唐琳运用超越对数型柯布－道格拉斯生产函数测算了2001～2010年中国制造业的绿色生产效率，在考虑环境因素后，中国制造业绿色生产效率明显低于不考虑环境因素所获得的绿色生产效率。[③] 曲·Y. 等（Qu Y. et al.）以2002～2010年为时间跨度，基于Epislon 测度模型（EBM）测算了中国制造业的绿色增长效率，结果发现，中国制造业绿色增长效率值逐年稳步上升，制造业在节约资源和减少环境污染方面有巨大的促进潜力。[④] 拉姆利·N. A. 和穆尼塞米·S.（Ramli N. A. and Munisamy S.）运用范围调整方法（range adjusted measure, RAM）模型，测算了2008～2010年马来西亚的15个州制造业的生态效率。其结果表明，相比之前，2010年马来西亚制造业的生态效率明显改善。[⑤] 沈·Z. 等（Shen Z. et al.）采用一种新型的效率分解技术，对中国农业部门1997～2014年的资源绩效、经济绩效与环境绩效进行了测算与分析。其结果发现，此段时期中国农业部门的平均总体效率为9.13%，这意味着，农业总产值有7.94%的改善机会，碳排放有1.19%的减少可能。[⑥]

① Guo L. L., Qu Y., Tseng M. L. The interaction effects of environmental regulation and technological innovation on regional green growth performance [J]. Journal of Cleaner Production, 2017 (162): 894 – 902.

② 吴武林，周小亮. 中国包容性绿色增长测算评价与影响因素研究 [J]. 社会科学研究, 2018 (1): 27 – 37.

③ 唐琳. 我国制造业绿色产出效率及其影响因素研究 [D]. 沈阳：东北大学, 2012.

④ Qu Y., Yu Y., Appolloni A., et al. Measuring green growth efficiency for Chinese manufacturing industries [J]. Sustainability, 2017, 9 (4): 637.

⑤ Ramli N. A., Munisamy S. Eco-efficiency in greenhouse emissions among manufacturing industries: A range adjusted measure [J]. Economic Modelling, 2015 (47): 219 – 227.

⑥ Shen Z., Baležentis T., Chen X., et al. Green growth and structural change in Chinese agricultural sector during 1997 – 2014 [J]. China Economic Review, 2018 (51): 83 – 96.

明翠琴等选取国内外 27 套相关指标体系并合成指标库，通过 5 轮筛选法对指标库的初级指标和末级指标进行层层深入筛选，研究表明初级指标筛选结果不仅表明了国内外相关评价研究的问题关注点，还是中国绿色增长评价指标维度设计的重要依据之一，经过筛选的末级指标，构成中国绿色增长具体评价指标库。结合 OECD 绿色增长理论概念框架的关键因子、初级指标筛选结果、中国资源环境问题和绿色增长转型要求，设计评价指标体系维度，完成具体指标分类，形成中国绿色增长综合评价指标体系，并对指标体系进行信度检验和效度检验，确保指标体系的信度和有效性；运用主成分分析法计算出评价指标体系的权重系数，提出评价模型，搜集历年各类统计年鉴的原始数据，对 2004～2018 年中国绿色增长进行综合评价，结果显示中国经济增长的绿色化程度呈现逐渐增强的趋势，显示了国家宏观层面持续的经济社会发展政策规划的显著效果。①

在企业层面上，武春友等从企业绿色技术、企业绿色生产、企业绿色排放、企业绿色投入、绿色企业文化五个方面选取了企业绿色度评价指标体系，并利用企业绿色度可拓学原理评价模型对某生物科技股份有限公司 2008～2012 年的绿色度进行了测算与评价。其结果显示，该企业 2008～2012 年大部分绿色度指标都有了较大提升，均提升到了 1 级水平。② 2014 年，武春友等又对企业绿色增长模式的影响因素进行了量化识别与分析，结果表明，绿色价值观是推动企业实施绿色增长的基础，也是影响企业选择绿色增长模式最重要的因素。③ 陈兴红等通过对绿色增长与企业成长间动态交互关系的分析发现，两者在短期内存在波动关系，从长期角度看，存在均衡关系。④ 赵奥和张敏研究发现，在一定程

① 明翠琴，陈雷，钟书华. 中国绿色增长综合评价指标体系的构建及实证 [J]. 科技管理研究. 2021（10）：76－86

② 武春友，陈兴红，匡海波. 基于 AHP——标准离差的企业绿色度可拓评价模型及实证研究 [J]. 科研管理，2014，35（11）：109－117.

③ 武春友，陈兴红，匡海波. 基于 Rough-DEMATEL 的企业绿色增长模式影响因素识别 [J]. 管理评论，2014，26（8）：74－81.

④ 陈兴红，武春友，匡海波. 基于 VAR 模型的绿色增长模式与企业成长互动关系研究 [J]. 科研管理，2015，36（4）：154－160.

度上，绿色增长模式有利于中国工业企业发展水平的提升，虽然随着时间推移有所放缓，但这种正向的影响是持续的，需要通过绿色技术创新予以提升。① 袁茜等基于绿色增长视角，采用三阶段 DEA 模型对 2011 ~ 2015 年中国大部分省（区市）的大型制造企业的创新效率进行评价，指出环境因素和随机误差对中国大型制造企业创新效率影响较大。②

1.3.3 现有研究评述

通过对绿色增长与国家级新区领域研究现状的综述，本书从理论发展与研究方法应用两方面对现有研究进行评述，归纳出现有研究的不足之处有以下两点。

（1）理论发展层面

缺少对于绿色增长和国家级新区的交叉研究，在一定程度上限制了相关理论的发展。通过对现有文献的分析发现，国内外学者分别在各自的领域对国家级新区与绿色增长的相关问题展开了研究，并积累了一系列有价值的研究成果，但鲜见将二者放在同一个框架下进行系统研究。而事实上，绿色增长能力对于国家级新区的发展起着十分重要的支撑作用，是影响国家级新区实现可持续发展的重要因素。因此，有必要从国家级新区内部环境视角和外部环境视角，将绿色增长与国家级新区的理论相结合展开研究，更符合国家级新区成为国家重要"增长极"的实际需要。

（2）研究方法应用

缺少对国家级新区绿色增长能力定量化评价研究以及多种研究方法的综合应用，在相关机理分析中难以形成不同研究方法之间的优势互补效应。现有研究主要集中在绿色增长相关问题的经验性描述和定性研

---

① 赵奥，张敏. 环境约束下绿色增长模式与中国工业企业发展的交互响应研究 [J]. 财经理论研究，2018（5）：104 – 112.

② 袁茜，吴利华，张平. 绿色增长下我国大型制造企业创新效率提升路径研究 [J]. 科技进步与对策，2017，34（22）：85 – 92.

究，尚未深入机理分析层面和定量研究，缺少对于绿色增长以及绿色增长能力概念内涵的明确界定和系统论述。另外，尽管国内外对于在绿色增长领域所采用的研究方法有较多尝试，但依然存在着研究方法使用单一的问题，学者们在各自的研究中大多只是采用一种或两种有限的研究方法，在一定程度上影响对问题系统分析的深度和广度。此外，现有文献缺乏从动态视角展开绿色增长能力与相关变量之间因果关系的探讨，而绿色增长能力是一个涉及多方面内容的复杂动态系统，会随着国家级新区发展状态的变化而变化。因此，有必要在研究中引入系统动态分析方法，综合运用多种研究方法展开绿色增长能力相关问题的研究，以弥补单一研究方法的不足，在提升路径分析中形成优势互补效应，更好地推动绿色增长理论的发展和实践应用。

因此，本书以国家级新区为研究对象，以提升国家级新区绿色增长能力为研究目标，基于多学科、多理论的交叉融合，运用定性与定量相结合的研究方法，厘清国家级新区绿色增长能力形成过程，揭示形成机理；在此基础上，识别出国家级新区绿色增长能力的影响因素，并以此为契机，构建国家级新区绿色增长能力评价指标体系以及评价模型，最终，对各国家级新区绿色增长能力水平进行测度与评价，并提出提升绿色增长能力的最佳路径选择依据。

1.4 本书主要研究思路

1.4.1 研究内容与结构安排

本书的研究目的是以国家级新区为研究对象，揭示绿色发展背景下国家级新区绿色增长能力的形成机理及提升路径。综合运用了增长极理论、产业集群理论与利益相关者理论等，从政府、市场与企业三个维度进行国家级新区绿色增长能力形成机理分析，深入挖掘各关键主体在国家级新区绿色增长能力形成过程中的影响关系，识别国家级绿增长能力提升的关键影响因素，并进行国家级新区绿色增长能力的测度与评价分析，基于实证结果分析，得出提升绿色增长能力的最佳路径。本书旨在丰富、完善国家级新区与绿色增长相关领域的研究成果，为国家级新区管理者制定相关政策提供一定的理论参考。

本书由七章组成，具体研究安排如下。

第1章，绪论。首先，基于国家级新区与绿色增长两方面阐释本书的选题背景和研究意义；其次，围绕绿色增长与国家级新区相关研究开展内涵界定、影响因素、测度评价等国内外研究综述，并指出现有研究存在的不足之处，明确本书的研究价值；最后，提出本书的主要内容与研究方法。

第2章，概念界定与理论框架。本章是本书后续研究的重要基础。主要内容有：一是对本书涉及的重要变量进行概念界定与含义阐释；二是介绍本书的理论基础，结合增长极理论、产业集群理论与利益相关者理论和相关研究成果，提出本书的基础理论框架。

第3章，国家级新区绿色增长能力形成机理分析。在对国家级新区发展现状进行梳理、总结的基础上，识别出国家级新区绿色增长能力形成的关键行为主体，并厘清彼此间存在的互动关系逻辑；在此基础上，立足系统论，从绿色增长能力的形成过程出发，通过构建贝叶斯网络仿真模型，提炼出国家级新区绿色增长能力形成的关键驱动路径，从而明晰国家级新区绿色增长能力的形成机理。

第4章，国家级新区绿色增长能力影响因素分析。基于利益相关者理论，从政府层面、企业层面、非政府组织（NGO）层面和公众层面四个层面出发，筛选影响国家级新区绿色增长能力的主要因素，并运用灰数—决策实验室分析（Grey-DEMATEL）相结合的方法进行影响因素的重要性分析，识别得到影响国家级新区绿色增长能力的关键因素，并在此基础上进行关键因素的原因度、中心度及其因果关系分析。

第5章，国家级新区绿色增长能力评价分析。基于第4章的研究结果构建出国家级新区绿色增长能力评价指标体系，运用序关系分析法

（G1 法）、唯一参照物比较判断法（G2 法）、熵值法与离差最大化法相结合的方法建立绿色增长能力评价模型，并结合相关指标的数据对国家级新区绿色增长能力进行测度。根据测算结果进行不同国家级新区绿色增长能力的对比分析，找到相互之间的差距。

第 6 章，国家级新区绿色增长能力提升路径模式分析。在对国家级新区绿色增长能力评价分析的基础上，进行国家级新区绿色增长能力提升路径、提升模式的识别与探讨。

第 7 章，结论与展望。归纳总结本书的主要结论及局限性，并对后续研究进行展望。

1.4.2　研究方法与技术路线

（1）文献研究方法：利用科学网（Web of Science）的相关数据和中国知网（CNKI）数据库对本书涉及的相关文献进行检索、整理与研读分析，归纳总结本书的主要内容和研究重点，为后续研究奠定文献基础。

（2）定性分析与规范分析相结合：融合国家级新区与绿色增长两大研究主题，在广泛汲取国内外相关研究成果的基础上，通过归纳分析与演绎分析构建出本书的理论模型框架。

（3）定量分析与实证分析相结合：第 3 章利用贝叶斯网络仿真模型对国家级新区绿色增长能力形成的关键驱动路径进行分析；第 4 章利用灰数—决策实验室分析法（Grey-DEMATEL）对国家级新区绿色增长能力的影响要素进行识别分析；第 5 章综合运用序关系分析法（G1 法）、唯一参照物比较判断法（G2 法）、熵值法与离差最大化法相结合的方法，对国家级新区绿色增长能力进行定量评价。

本书的结构呈现锁链式递进关系，前一章研究内容为后一章的研究提供基础与依据。本书主要分为研究基础、理论分析、实证分析与研究结论四部分。

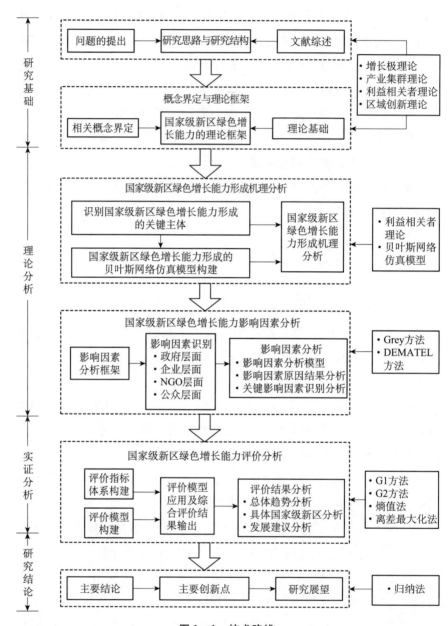

图 1-1 技术路线

资料来源：笔者根据本书研究内容整理而得。

第 2 章

概念界定与理论框架

基于文献研究，本章运用比较分析法和归纳演绎法对本书所涉及的重要变量进行概念界定与含义阐释；在此基础上，结合增长极理论、产业集群理论、利益相关者理论和区域创新理论，提出本书研究的基础理论框架。

2.1　相关概念界定

2.1.1　国家级新区

国家级新区的概念，源自城市新区。城市新区与主城区临近，与主城区存在政治、经济、文化等诸多方面的联系，但发展通常滞后于主城区。城市新区能够独立划归区域，享受特殊的发展政策，是城市功能完善、独立性较强的城市地域，[①] 也是承接老城区产业外溢、人口外溢的

---

① 梁宏志. 城市新区建设开发模式研究 [D]. 武汉：武汉理工大学，2010.

重要载体。城市新区的含义主要包含两方面，一是城市的组成部分，具有城市的基本功能和特性；二是城市的新建区，即以母城为依托，实行成片开发建设的特定区域。①

国家级新区是国土资源开发和协调区域发展的重要空间单元，其组织形式体现了中国应对国内外发展挑战的区域空间策略。2015 年，中华人民共和国国家发展和改革委员会发布《关于促进国家级新区健康发展的指导意见》，并指出："国家级新区是承担国家重大发展和改革开放战略任务的国家级综合功能区"，② 这是目前最权威的官方定义。而学术界关于国家级新区的定义，则多从其功能角度进行描述。③ 国家级新区是基于国家战略高度建立的，承担更多城市建设功能、社会建设功能，提供更多公共服务功能的"特殊区域"，也是中国实现新型城镇化的重要手段。④ 彭建等指出，国家级新区是一种特殊的政策新区，其发展目标、发展定位等均由国务院统一规划、统一审批，由于被赋予先行先试的特殊权限及相关优惠政策，已逐渐成为中国经济的重要"增长极"。⑤ 吴昊天和杨郑鑫认为，国家级新区是中国参与国际竞争的一种空间决策，是国家核心增长极和区域战略发展的支点。一般来说，每个国家级新区的设立均具有明确的发展定位。例如，上海浦东新区与天津滨海新区是国家综合配套改革试验区；重庆两江新区是统筹城乡综合配套改革试验的先行区；而浙江舟山群岛新区为海洋综合开发试验区。⑥

基于文献整理和研究目的，本书对国家级新区内涵的界定是，国家

① 张京祥. 城镇群体空间组合 [M]. 南京：东南大学出版社，2000.

② 国家发展和改革委员会. 关于促进国家级新区健康发展的指导意见，http://www. ndrc. gov. cn/xxgk/zcfb/tz/201504/t20150423 963808. html? code = &state：123.

③ 刘涛. 国家级新区的理论、实践及其未来研究方向 [J]. 城市观察，2015 (4)：67 – 73.

④ 燕翔，刘彦平. 新型城镇化背景下国家级新区的发展与面临的挑战 [J]. 经济论坛. 2020 (1)：130 – 135.

⑤ 彭建，魏海，李贵才等. 基于城市群的国家级新区区位选择 [J]. 地理研究，2015，34 (1)：3 – 14.

⑥ 吴昊天，杨郑鑫. 从国家级新区战略看国家战略空间演进 [J]. 城市发展研究，2015，22 (3)：1 – 10.

级新区作为一种特殊的政策新区，肩负国家发展的战略任务，是加快中国经济发展的重要"增长极"。一般来说，国家级新区发展定位具有四个特点。（1）规划引领、科学开发。要按照国务院要求，明确发展目标、制定发展规划，不断创新和引领、带动本地区各项事业协调有序发展。（2）产城融合、宜居宜业。在发展过程中，以人为本，协调统筹城市建设总体布局。（3）注重集约、持续发展。注重资源利用率，建立产业集群模式，引领规模化发展，培养新兴产业，强调发展的可持续性。（4）鼓励创新、敢为人先。鼓励在发展建设中敢为人先，创新工作方式方法、创新体制机制、创新发展模式，引领全面深化改革。①

2.1.2 绿色增长

目前，国际组织及国内外学者已从不同角度对绿色增长的内涵进行了探讨。联合国亚太经济与社会委员会（UNESCAP）认为，绿色增长是推动可持续发展的关键战略。② 经济合作与发展组织（OECD）则指出，绿色增长是在确保自然资产能够继续为人类幸福提供各种资源、环境服务的同时，促进经济增长和发展。③ 联合国环境规划署（UNEP）提出，绿色增长是一种新的发展范式，强调通过环境可持续的经济过程来培养低碳、社会包容性发展。近年来，随着绿色增长理念的普及，丹麦、德国、挪威和法国等国家已纷纷制定了推动绿色增长的相关政策。④ 2012 年，世界银行（WB）发表报告《包容性绿色增长——实现可持续发展的路径》（*Inclusive Green Growth：The Pathway to Sustainable Development*），指出，绿色增长"使增长过程实现资源节约、清洁和更有弹性

---

① 陈家祥. 中国城市新区生成机理与创新发展研究 ［M］. 南京：南京大学出版社，2020.

② UNESCAP. MCED 2005 bulletin：A summary report of the fifth ministerial conference on environment and development in Asia and the Pacific ［R］. Seoul：International Institute for Sustainable Development（IISD），2005.

③ OECD. Towards green growth ［R］. Paris：OECD，2011.

④ UNEP. Towards a green economy：Pathways to sustainable development and poverty eradication ［R］. Nairobi：UNEP，2011.

而不必减缓增长速度。"① 2012 年，在"里约 + 20"联合国可持续发展大会上提出，"在经济范式改革基础上推进绿色增长"这一新的理念，进而掀起了全球范围内的"绿色浪潮"。②

许多学者也对绿色增长的概念进行了研究，为形成科学系统的绿色增长概念提供了参考。夸斯·M. F. 和斯马尔德斯·S.（Quaas. M. F. and Smulders S.）从长期和短期两方面定义绿色增长：在长期内，国民收入和产出的增长速度不能对环境造成不可持续的损害；在短期内，国民收入和产出在实现增长目标的同时，可以适度地给环境带来负面影响。③ 绿色增长兼顾经济增长与环境保护的平衡，强调通过清洁技术、公共基础设施和环境友好商品及服务创造价值。④ 绿色增长是作为复兴状况不佳的全球经济的后金融补救措施提出的，因此，驱动绿色增长的动力仍为经济而非环境。⑤ 绿色增长不仅适用于环保产品和服务部门，其本质是通过改变游戏规则提供经济结构转变的过渡平台。⑥

迄今为止，尚未形成普遍认可的绿色增长概念，在整合现有文献的基础上，本书将绿色增长界定为：绿色增长旨在通过技术创新、制度安排与产业转型促使生产方式、消费模式转变，用最小的资源消耗和环境代价，创造出资源高效、环境友好、社会包容的经济增长与最大发展效益。⑦⑧

———————————

① WB. Inclusive green growth：The pathway to sustainable development［R］. Washington DC：World Bank，2012.

② 诸大建. 从里约 +20 看绿色经济新理念和新趋势［J］. 世界环境，2012，22（4）：38 – 40.

③ Quaas M. F. ，Smulders S. Brown Growth，Green Growth，and the efficiency of urbanization［J］. Environmental & Resource Economics，2018，71（2）：529 – 549.

④ Hamdouch A. ，Depret M. Policy integration strategy and the development of the 'green economy'：Foundations and implementation patterns［J］. Journal of Environmental Planning & Management，2010，53（4）：473 – 490.

⑤ Lane J. E. The crisis from the point of view of evolutionary economics［J］. International Journal of Social Economics，2010，37（6）：466 – 471.

⑥ Torgerson D. Rethinking politics for a green economy：A political approach to radical reform［J］. Social Policy & Administration，2010，35（5）：472 – 489.

⑦ 张旭，李伦. 绿色增长内涵及实现路径研究述评［J］. 科研管理，2016，37（8）：85 – 93.

⑧ 武春友，郭玲玲，绿色增长理论与实践的国际比较研究［J］. 中国国情国力，2020（5）：37 – 41.

此内涵揭示了绿色增长的重点是提高经济增长过程中的绿色化水平，追求的最终目标是生产活动与生活活动的可持续发展。

2.1.3　绿色增长能力

绿色增长能力是组织获取竞争优势的主要来源，更是保证战略目标实现的重要因素和基础。[1] 因此，绿色增长战略的实施，需要相关能力的支撑。绿色增长能力简单来说就是指，绿色增长战略的参与者实现自身绿色增长的能力。换句话说，一个国家或地区的绿色增长能力，取决于绿色增长战略参与者的绿色化能力。

绿色增长的实施，是在政府推动下，众多利益相关者通过新的市场机制广泛参与的过程。[2] 在国家绿色增长战略的实施过程中，政府扮演着顶层设计的角色，通过颁布相关政策引导、鼓励市场的绿色化发展，企业通过创新、开发、生产绿色产品，公众通过环保意识的提高改变生活方式，倡导绿色生活与绿色消费，并在绿色增长过程中发挥着监督政府、企业的绿色行为的作用。综上所述，绿色增长能力培育与提升的关键主体，主要包括政府、市场与其他利益相关者。

首先，强有力的领导意识。政府是推动绿色增长战略实施的主导力量。[3] 中央政府颁布适当的法律法规与制度安排，各级地方政府积极协调配合，以确保国家绿色增长战略的实施。

其次，创新的市场机制。经济增长与资源环境之间矛盾的日渐恶化，主要源于环境污染的外部性特征，导致了市场失灵。因此，在新的市场机制中，引入生态环境这一生产要素，形成新的资源产权体系和价

---

①　UNDP. Practitioner's guide：Capacity development for environmental sustainability [R]. New York：UNDP，2011.

②　张旭，杜瑶. 绿色增长战略实施能力体系研究 [J]. 科研管理，2014，35（12）：153 - 159.

③　中国环境与发展国际合作委员会. 中国绿色经济发展机制与政策创新 [M]. 北京：中国环境科学出版社，2011.

格体系，以刺激市场的绿色化发展。①

最后，其他利益相关者生产方式、生活方式的转变。作为绿色增长战略的最终践行者，其他利益相关者，如企业、公众、非政府组织（NGO）等，发挥的作用至关重要，同时，国家级新区也是国家绿色增长能力培育与提升的关键主体。②

2.2　理论基础

2.2.1　增长极理论

增长极（growth pole）的概念由法国经济学家弗朗索瓦·佩鲁（1955）首次提出，在其出版的《经济空间：理论的应用》和《略论发展极的概念》等著作中，提出了以增长极为标志并以支配学和不平等动力学为基础的不平衡增长理论。③此后，区域发展极理论（布德维尔，1957）、二元经济结构理论（谬尔达尔）、核心区—边缘区理论（赫希曼）等理论的相继提出，进一步推动了增长极理论的发展。增长极理论于 20 世纪 80 年代传入中国，国内学者在结合中国国情的基础上，对增长极理论进行了很多创新。其中，最为典型的有，夏禹龙的梯度转移理论、陆大道的点轴系统理论以及窦欣的层级增长极网络理论。国内学者白然和熊阳提出，增长极理论是国家级新区建设的理论基础，中国先后建设的以深圳特区为核心的珠三角地区、上海浦东新区为核心的长三角地区、天津滨海新区为核心的环渤海地区，其依据便是增长极理论。④

①②　张旭，杜瑶.绿色增长战略实施能力体系研究［J］.科研管理，2014，35（12）：153－159.

③　甘强.两江新区对重庆经济发展的影响［J］.重庆行政（公共论坛），2010，12（3）：8－9.

④　白然，熊阳.国家级新区建设经验对天府新区借鉴和启示［J］.经营管理者，2014（9）：119.

陈扬①与邓紫微②、王晓玲③也认为，增长极理论、核心区—边缘区理论、可持续发展理论等是推动国家级新区发展的重要理论。

按照增长极理论，增长极对其所在区域的作用效应主要包括极化效应和扩散效应，是两种不同的区域经济参与主体的互动过程，在不同的经济发展阶段，其表现形式也会有所差异。在经济发展的初期阶段，极化效应强于扩散效应，增长极自身实力加强，区域经济的不平衡逐渐显现。④随着经济的持续发展，二者之间的作用强度会发生改变。扩散效应渐强直至超过极化效应，并促使增长极开始向周边腹地辐射，带动周边经济增长，区域经济发展重新走向平衡。

2.2.2　产业集群理论

产业集群（industrial cluster）理论由美国哈佛商学院竞争战略和国际竞争领域的权威学者迈克尔·波特（Michael Porter）创立，是指某一特定产业的企业大量聚集于某一特定范围，形成的一个持续、稳定且具有显著竞争优势的企业集合体。该集合体形成了区域集群效应、规模效应、外部效应以及较强的竞争力。之后，在迈克尔·波特出版的《国家竞争优势》（*The Competitive Advantage of Nations*）中，提出了"钻石"模型，将产业集群理论提升到一个新的高度。⑤迈克尔·波特认为，竞争力的形成和竞争优势的发挥是产业集群的核心内容，也是产业集群在市场经济中得以生存和发展的根本保障。⑥产业集群通过将类似型企业及其支持型机构集结于某地，实现资源共享，降低物流交易成本，增强

---

① 陈扬. 三大国家级新区发展动力比较研究及启示 [D]. 兰州：兰州大学，2013.

② 邓紫微. 国家战略背景下长沙湘江新区建设研究 [D]. 长沙：湖南师范大学，2014.

③ 王晓玲. 国家级新区区域融合协同发展研究——以沈抚改革创新示范区为例 [J]. 城市，2021（2）：23–33.

④ 丁卫. 重庆两江新区发展战略研究 [D]. 成都：西南财经大学，2012.

⑤ 鲁开跟. 增长的新空间——产业集群核心能力研究 [M]. 北京：经济科学出版社，2006.

⑥ 吴利学，魏后凯. 产业集群研究的最新进展及理论前沿 [J]. 上海行政学院学报，2004，5（3）：51–60.

创新能力，吸引外部投资，获取企业发展的竞争优势，同时，促进区域经济的发展。[①]

产业集群理论的发展，与产业结构、技术创新以及区域经济发展关系密切。改革开放以来，珠江三角洲、长江三角洲与环渤海地区，已呈现明显的产业集群现象。以特大城市为依托，构建新的经济增长极，同时，加快促使一些初级产业过渡发展到组织化程度高的创新型产业集群，推动产业结构的优化升级。[②]

2.2.3 区域创新理论

传统的创新研究主要集中在企业层面，探讨创新对企业发展和经济发展的影响，较少涉及空间地理问题。将创新研究与空间地理研究结合始于 20 世纪 90 年代，先是国家概念，再到规模小的区域概念。国家创新系统的概念于 1987 年由英国学者弗里曼（Freeman）提出，是指在一定的地理范围内，经常地、密切地与区域企业的创新投入相互作用的创新网络和创新制度的行政性支撑安排。之后，弗里曼、纳尔逊、佩特尔与帕维蒂、伦德瓦尔与波特等分别从国家、创新、系统三方面对国家创新系统的含义进行了探讨。

1995 年，国家创新系统的概念传入中国。冯之浚在分析中国发展国家创新系统迫切性和重要性的基础上，指出国家创新系统是一个国家内各有关部门和机构间相互作用而形成的推动创新的网络，主要由企业、大学和科研机构、教育培训、中介机构、政府部门组成。[③] 中国式创新型国家理论有党的领导、政府有为、市场有效、创新有道、企业主导、数字赋能 6 个基本特征。[④] 区域创新是创新型国家建设最重要的载体形

① 唐佐. 天府新区自主创新中心建设研究 [D]. 成都：西华大学，2014.

② 姜鑫，罗佳. 从增长极理论到产业集群理论的发展述评 [J]. 山东工商学院学报，2008，22（6）：1 – 5.

③ 李勇. 关于中国重庆两江新区战略构想 [J]. 城市，2010（6）：12 – 14.

④ 陈劲，叶伟巍. 新时代中国式创新型国家理论的核心机理和关键特征 [J]. 创新科技，2022，22（1）：1 – 10.

式。因此，要想打造创新型国家，必须将区域创新系统纳入创新型国家建设中来。[1] 区域创新系统在与环境进行融合的过程中将会产生三种作用：产业结构转型升级、地区独特竞争优势以及区域经济飞速发展。[2] 而在具体发展运行中，将会产生知识扩散、产业集群和空间集群。因此，政府应鼓励区域内的经济活动主体自发、长效及开拓性地进行创新，从而增强核心竞争力。[3]

2.2.4　利益相关者理论

利益相关者的概念可追溯到 1984 年，弗里曼（Freeman）的《战略管理：利益相关者方法》（*Strategic Management：A Stakeholder Approach*）一书中明确指出，利益相关者是任何能影响组织目标实现或被该目标影响的个人或群体。[4] 即一个组织或者企业的成功，依赖于如何梳理关键利益相关者之间的相互关系。[5] 利益相关者理论（stakeholder theory）于 20 世纪 60 年代由企业管理学界提出，该理论极大地挑战了以股东利益最大化为目标的股东至上理念，指出企业的经营管理活动要综合平衡各个利益相关者的利益要求，任何企业的发展都离不开诸多利益相关者的投入或参与。[6] 在多元利益主体的整合、利益分配或再分配过程中，不同利益主体的自身利益偏好与其他利益主体难免发生冲突。[7] 为此，组织或企业的领导者，应重点关注各利益相关者的需求。[8]

近年来，有学者将利益相关者理论应用于城市管理、生态工业园可

---

[1][3]　丁卫. 重庆两江新区发展战略研究 [D]. 成都：西南财经大学，2012.

[2]　唐佐. 天府新区自主创新中心建设研究 [D]. 成都：西华大学，2014.

[4]　张楠. 基于利益相关者的北戴河新区渤海林场发展研究 [D]. 秦皇岛：燕山大学，2013.

[5]　Freeman R. E. Strategic management：A stakeholder approach [M]. Boston：Pitman，1984.

[6]　高所贵. 城市动迁中的利益博弈与利益整合——以浦东新区川沙新镇动迁为例 [D]. 上海：复旦大学，2011.

[7]　汪书宇. 基于利益相关者的区域管治模式创新研究——以滨海新区为例 [D]. 天津：天津大学，2010.

[8]　Simonsen C. D. D. , Wenstøp F. How stakeholders view stakeholders as CSR motivators [J]. Social Responsibility Journal，2016，9（1）：137 – 147.

持续发展与绿色供应链管理的研究中。王梅基于利益相关者理论，对城市社区治理结构进行了研究；[①] 杨杰和王妮娟基于利益相关者理论，对企业生态创新动力机制进行了研究；[②] 萨尔基斯·J. 等（Sarkis J. et al.）认为，来自利益相关者的压力有利于刺激企业实施绿色供应链管理实践活动。[③] 英·Q. 等（Ying Q. et al.）基于利益相关者理论对中国生态工业园的可持续发展进行了研究，结果发现，尽可能地满足不同利益相关者的需求与愿望是生态工业园成功经营与管理的前提条件。[④] 此外，马向阳等根据区域治理中的各利益相关者在社会中所扮演的角色及承担的责任，将其划分为四类，即政府部门、企业组织、非营利组织和公众，并认为基于利益相关者理论的区域管治是指，对经济、政治、民生的综合治理，是政府、企业、非营利组织共同治理的结果。[⑤] 利益相关者理论强调公众参与的重要性，注重利益在政府、市场与公众间的均衡分配，充分调动社会各方力量，以达到综合效益最大化。因此，基于利益相关者理论，国家级新区绿色增长的关键在于分析不同主体的利益诉求和利益实现机制的差别，寻求不同主体绿色化能力提升的差异化路径。

2.3　理论框架

能力建设是影响国家级新区绿色增长的重要因素之一。在绿色增长

---

① 王梅. 利益相关者逻辑下城市社区的治理结构 [J]. 北京行政学院学报，2008（2）：30–33.

② 杨杰，王妮娟. 基于利益相关者理论的企业生态创新动力机制研究 [J]. 现代商业 [J]. 2022（9）：121–123.

③ Sarkis J., Gonzalez-Torre P., Adenso-Diaz B. Stakeholder pressure and the adoption of environmental practices: The mediating effect of training [J]. Journal of Operations Management, 2010, 28（2）：163–176.

④ Ying Q., Liu Y., Nayak R. R., et al. Sustainable development of eco-industrial parks in China: Effects of managers' environmental awareness on the relationships between practice and performance [J]. Journal of Cleaner Production, 2015, 87（1）：328–338.

⑤ 马向阳，汪书宇，陈琦等. 基于利益相关者理论的区域管治模式创新及其综合评价研究——以滨海新区为例 [J]. 科技进步与对策，2011, 28（7）：32–38.

实践过程中，若忽视各实践主体的绿色能力如何建设这一问题，将导致理论研究与实践的严重脱节。因此，如何均衡各利益相关者的利益分配，成为建设与提升国家级新区绿色增长能力的关键。

随着绿色增长理念愈发得到国际社会的认可，基于能力理论视角的相关研究已经引起广泛关注。越来越多的学者将能力理论与绿色增长相结合，并积极探讨绿色增长实践过程中的能力建设问题，从而使人们理性地认识到软实力的重要性。鉴于此，本书聚焦于绿色增长能力建设，并以国家级新区为研究对象，积极探讨国家级新区绿色增长能力的形成机理、影响因素与提升路径。

国家级新区绿色增长能力建设是一个复杂的系统工程，其能力水平的高低取决于各利益相关者之间博弈的结果。在政府推动下，政府、企业、非政府组织（NGO）与公众等利益相关者广泛参与到绿色增长实施的过程中。其中，政府包括中央政府、地方政府等垂直结构层面上的政府机构，也包括运输管理部门、劳动保障部门、环境保护部门等水平层面上的各个政府部门；企业是指，国家级新区内的各类企业；非政府组织（NGO）包括社会团体、第三方认证机构及咨询机构等；公众包括消费者与当地居民。

综上所述，本书提出了涉及政府、企业、非政府组织（NGO）与公众等行为主体的理论框架（见图 2-1），并从这四个利益相关者出发，系统地解决了本书提出的研究问题：首先，在厘清四个利益相关者间互动关系的基础上，立足系统论，通过构建贝叶斯网络仿真模型，提炼出国家级新区绿色增长能力形成的关键驱动路径；其次，基于利益相关者理论，从四个主体出发识别出影响国家级新区绿色增长能力的关键因素，并对其相互关系进行了分析；最后，基于构建的评价指标体系与评价模型，并结合相关指标数据对国家级新区绿色增长能力进行测度与评价，确认不同主体对绿色增长能力提升的差异化作用路径。

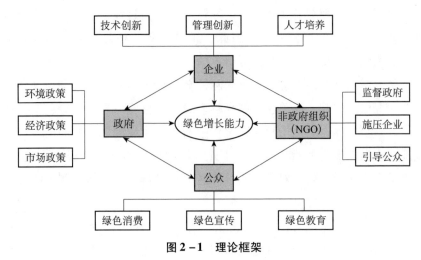

图 2 - 1　理论框架

资料来源：笔者根据本书研究内容整理而得。

2.4　本章小结

本章在文献研究基础上，对本书所涉及的重要变量，即国家级新区、绿色增长、绿色增长能力进行了概念界定与解析；在此基础上，结合增长极理论、产业集群理论、区域创新理论与利益相关者理论的思想和研究成果，提出本书的基础理论框架，为后续研究奠定理论基础。主要结论有以下四点。

（1）本书对国家级新区的定义是，国家级新区作为一种特殊的政策新区，肩负着国家发展的战略任务，是加快中国经济发展的重要增长极。国家级新区凭借其巨大的能量和辐射作用，向周边地区输出信息、技术、资本、产业和服务，促使整个区域成为新的经济增长极，进而推动所属城市、区域乃至国家的快速发展，已成为各国间竞争的重要途径之一。

（2）本书界定的绿色增长的内涵为，旨在通过技术创新、制度安排与产业转型促使生产方式和消费模式转变，用最小的资源消耗和环境代价，创造出资源高效、环境友好、社会包容的经济增长与最大发展效益。此内涵揭示了绿色增长的重点是提高经济增长过程中的绿色化水平，追求的最终目标是生产活动与生活活动的可持续发展。

（3）绿色增长能力是指，参与绿色增长战略的实践主体实现自身绿色增长的能力。即一个地区或国家绿色增长能力的建设与提升，主要取决于绿色增长战略参与者绿色化能力的改进。绿色增长战略的实施，是在政府推动下，不同利益相关者通过新的机制广泛参与的过程。

（4）基于增长极理论、产业集群理论、区域创新理论与利益相关者理论提出国家级新区绿色增长能力的理论研究框架，即国家级新区绿色增长能力通过四个利益相关者（政府—企业—非政府组织（NGO）—公众）作用于国家级新区绿色增长能力建设的过程，同时，四个主体的相互作用是促进国家级新区绿色增长能力提升的关键。

第3章

国家级新区绿色增长
能力形成机理分析

　　本章综合运用文献分析法、贝叶斯网络分析法等方法，分析国家级新区绿色增长能力形成的过程，以此剖析国家级新区绿色增长能力生成的内在逻辑，为揭开国家级新区绿色增长能力形成机理的"黑箱"提供了新的思路：识别出绿色增长能力形成的关键主体，即政府、企业、非政府组织（NGO）以及公众。在此基础上，梳理出各主体间的互动关系，并识别出国家级新区绿色增长能力形成的动力要素。基于这些动力要素间的逻辑关系，构建国家级新区绿色增长能力形成的贝叶斯网络模型，并通过专业的贝叶斯网络仿真软件实施致因链分析和敏感性分析，从而有效地探究并厘清影响国家级新区绿色增长能力形成的关键驱动路径和关键要素，从而揭示出国家级新区绿色增长能力的形成机理。

3.1　绿色增长能力形成的关键主体识别

　　国家级新区绿色增长能力提升是一个复杂的系统工程，其能力高低取决于各利益相关者之间博弈的结果。基于利益相关者理论，国家级新区绿色增长能力涉及的利益相关者主要包括政府、企业、非政府组织（NGO）和公众。由此，本书将从上述四个层面进行国家级新区绿色增长能力形成的动力因素分析，为绿色增长能力提升路径分析提供基础条件。

3.1.1 政府

经济合作与发展组织（OECD）发现，良好的政策是推动绿色增长实现的关键引擎。[①] 众多学者也认为，政府致力于建设科学、合理的法律平台与制度规范，并积极推动政府多部门之间的协同联动，是当前社会发展环境下实现绿色增长战略的关键助推力。因此，从政府层面，尤其是从政府政策角度剖析如何提升绿色增长能力，成为当前研究的主要方向之一。本书中的政府政策是指，促进绿色增长的政策及其实施情况，涉及准入制度、税收、相关优惠政策、管制和其他各类规章制度等。其中，对绿色增长能力可能产生直接影响的政府政策，主要包括环境政策、经济政策以及市场政策。

环境政策是指，一个国家或地区培育绿色经济、推动绿色增长的大政方针，直接关系到国家或地区的环境立法工作、环境监管工作。经济政策是指，根据价值规律，利用价格、税收、投资、微观经济刺激和宏观经济调控等经济杠杆，推动绿色增长的一类政策。市场政策是指，维护绿色产业的市场空间、保障绿色产业市场运行和提高市场效率的一类政策。从本质上看，市场政策是政府对经济活动的一种微观控制。完善市场政策，有利于引导企业调整产品结构，推动绿色发展和增长方式转变。

3.1.2 企业

国家级新区中最基本、最具活力的单元就是企业。要想提升国家级

---

① OECD. Interim report of the green growth strategy：Implementing our commitment for a sustainable future ［R］. Paris：OECD, 2010.

新区的绿色增长能力，应重点从企业层面切入。此外，从供给侧改革视角来看，为实现绿色供给或绿色生产，优化要素配置，也应从企业层面着手。① 由此可见，企业将是提升绿色增长能力最坚实的力量。面对新的市场环境、强监管的监管形势以及高标准的产品要求，积极调整自身行为、强化绿色产品开发，已经成为当前企业的必然选择。在通常情况下，为提升国家级新区的绿色增长能力，企业需要从以下四方面入手。

第一，技术创新，尤其是绿色技术创新，是提升绿色增长能力的必然选择。企业绿色技术创新将环境友好视为企业技术创新过程中的重点，致力于在绿色环保的目标导向下实现技术创新与技术完善。技术创新是绿色发展的新动力，绿色增长能力提升的关键在于技术创新。

第二，绿色投资是提升绿色增长能力的重要手段。目前，中国绿色技术与世界发达国家相比还有较大差距，尤其是在环境保护技术、清洁能源技术、资源综合利用技术等方面，仍需继续提升，② 需要大量的资金投入加快发展。一方面，加大对绿色技术的研发投入，提高资源利用效率，减少废弃物的产生与排放，实现企业的绿色生产与绿色经营；另一方面，积极开展国际合作，综合权衡企业的资源与成本收益情况，加大对绿色技术引入的投资。除绿色技术投资外，绿色基础建设投资也是绿色投资的重要内容，如节能减排设施投资、废弃物处理设施投资等。可见，绿色基础建设投资将为提升绿色增长能力提供物质环境。

第三，国家级新区要想提升其绿色增长能力，除在技术创新方面补短板外，还需要在管理创新以及制度创新上狠下功夫。其中，在管理创新方面，作为国家级新区企业的管理者或领导者，先应具备绿色意识或环保思维，能够采取主动型管理风格，借助先进的管理手段以及管理方式，将绿色意识渗入企业全流程生产中，以便更加有效地实现绿色生产。

第四，人才是实现绿色增长能力最微观的要素。国家级新区中的企

① 吴敬琏. 供给侧改革引领"十三五"［M］. 北京：中信出版社，2016.

② 倪方树，王家庭，曹清峰等. 国家级新区评价指标体系构建及对河北雄安新区发展的启示——基于五大发展理念的视角［J］. 城市，2017（6）：3－8.

业应重视人才培养工作。有效的人才培养能够为绿色技术研发与应用奠定人力基础，进而规范企业的绿色生产与绿色经营。

3.1.3　非政府组织（NGO）

本书的非政府组织（non-governmental organizations，NGO）特指关注环境保护的非政府组织。关注环境保护的非政府组织，更多关注社会问题与环境问题，在企业是否实施绿色生产以及区域如何绿色发展上发挥重要的监督作用和引导作用。绿色增长的最早号召者就是关注生态环境问题的非政府组织（NGO），它们通常采用一系列手段向政府和企业施压来追求绿色发展，并对此进行监督。作为没有任何经济利益瓜葛的第三方，非政府组织（NGO）更多的是从社会责任出发，秉承人道主义精神去关注社会问题或环境问题，也正因为这一点，其所达到的环境保护效果更值得信赖。目前，国际上已经把非政府组织（NGO）作用发挥的程度视为衡量一个国家环境保护事业推进情况的重要指标。

3.1.4　公众

在顾客导向时代，公众尤其是消费者的需求，对市场的引导作用以及企业行为有着极大的驱动力。近年来，世界经济的高速发展不可避免地给人类的居住环境带来较大负担，人类也在不断反思，并逐渐意识到绿色发展的必要性，绿色意识逐渐深入人心，并已经在社会公众中形成广泛共识。

市场是激活绿色增长能力的"引擎"之一，市场中的购买行为与绿色供给是相辅相成的。因此，绿色消费观念将推动消费者更加重视企业的绿色生产行为以及政府的绿色管理能力，并对绿色产品的依赖度以及忠诚度逐步提升，从而驱使企业做出战略转型，以求在市场竞争中获胜。因此，从这一点来看，公众的绿色消费行为，是企业实施绿色管理的根本驱动力。如果绿色产品没有消费市场，企业开展绿色生产的意愿就会降低。正如学者所言，消费者的选择影响了企业的选择，企业将围绕消费者需求重新打造自身生产系统，这是决定市场未来发展方向的引擎，也将成为培育绿色增长能力的有效外部助推器，同时，也是地方政府绿色执政能力的监督力量。

3.2　关键主体间互动关系分析

基于对绿色增长能力形成的四个主体间的相互作用关系分析，本书提出了国家级新区绿色增长能力的提升路径模型（见图 3－1）。国家级新区绿色增长能力提升路径为：以政府与公众为双重驱动、以企业为核心，辅以非政府组织（NGO）的监督指导功效，通过激活企业的绿色转型意识，推动企业绿色增长培育行为，进而实现国家级新区的绿色增长。

第一，政府与公众是国家级新区绿色增长能力提升的双重驱动器。政府通过制定环境政策、经济政策以及市场政策，对企业进行引导与监督，甚至是直接投资，从而促使其产生绿色转型意识或绿色转型意愿；同时，公众不断觉醒的绿色消费意识以及绿色消费行为，通过启用技术压力、环保压力以及舆论压力倒逼国家级新区企业的绿色转型意识。此外，政府与公众之间也存在紧密的联系，政府引导、监督市场，同时，市场反应又会影响政府决策。

第二，国家级新区内的企业是国家级新区绿色增长能力提升的核心要素。企业是政府因素和市场因素的受力者和最后的实施者，无论是政府的引导还是公众的要求，要想实现国家级新区绿色增长能力的提升，最核心的任务就是让企业生成绿色转型意识，进而培育出绿色增长行为。

第三，非政府组织（NGO）可通过利益表达、宣传教育及寻求合作等方式发挥作用。一方面，要加强与政府的合作，并在合作过程中，对政府行为及其成效进行实时监督；另一方面，要建立与企业的合作联

盟，加大对企业环保行为的监督力度、宣传力度；此外，非政府组织
（NGO）应与公众保持密切沟通，加大绿色环保宣传，引导消费者强化
绿色消费意识，引导绿色消费行为，见图 3 - 1。

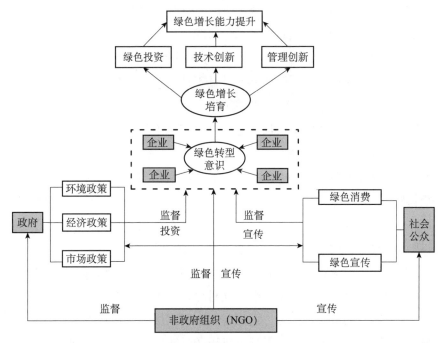

图 3 - 1　形成绿色增长能力关键主体间的互动关系

资料来源：笔者根据本书研究内容整理绘制而得。

3.3　绿色增长能力形成的驱动路径分析

3.3.1　绿色增长能力形成的动力因素分析

政府、企业、非政府组织（NGO）以及公众四个主体，是影响绿色
增长能力形成的关键主体，从四个关键主体出发，基于前文系统的文献
分析，本书进一步识别出绿色增长能力形成的动力因素。

从政府层面来看，主要包括政府投入和政府监管与宣传。其中，政府投入是国家级新区绿色增长能力形成的重要基础，代表当地政府为推动国家级新区绿色发展所投资的费用。政府监管与宣传是指，国家级新区绿色增长能力形成的有效"起搏器"，政府对企业生产行为的强力监督与管理，有利于国家级新区的绿色实践。

从企业层面来看，主要包括企业绿色意识以及企业绿色实践。其中，企业绿色意识表示，企业领导及员工自觉遵循绿色环保行为的倾向性。在通常情况下，企业绿色意识越强，企业追求绿色发展的主动性就越强。而企业绿色实践主要反映企业脚踏实地地开展绿色生产行为，如采用绿色管理方法、实施无污染生产、杜绝污染排放等。

从非政府组织（NGO）层面来看，主要包括监督与宣传因素。该因素体现了非政府组织（NGO）在推动企业绿色增长能力形成的过程中，对政府政策法规执行状况以及企业绿色生产行为的监督情况，同时，也体现出非政府组织（NGO）在绿色文化中的宣传功能。

从公众层面来看，主要包括公众绿色意识以及公众绿色消费行为。其中，公众绿色意识反映出社会大众对绿色发展的渴求度，是驱动企业实施绿色实践的重要助推力，因而有利于国家级新区加快形成绿色增长能力。而公众绿色消费行为是绿色意识的进阶因素，主要反映公众通过追求绿色消费，倒逼出企业绿色生产行为，进而推动国家级新区绿色增长能力提升。

除了上述四个层面提炼的七个因素外，本书立足国家级新区，从"投入—产出"价值链考虑，并借鉴现有研究成果，将绿色投资、技术创新、管理创新同样视为绿色增长能力形成的动力因素。其中，绿色投资代表国家级新区针对绿色增长能力提升所投入的所有资本，是国家级新区绿色增长能力的重要资金支持。只有当国家级新区达到一定的绿色投资量后，才会保持未来绿色增长能力的发展潜能。

本书中的技术创新，更倾向于绿色技术创新，是国家级新区绿色增长能力的核心关键，是确保国家级新区发展的核心竞争力。国家级新区绿色技术创新水平越高，意味着国家级新区采取绿色技术的可能性就越高，绿色增长能力就越强。

管理创新是指，国家级新区通过计划、组织、指挥、协调、控制、反馈等手段，对国家级新区内部所有资源要素进行优化配置，从而提升资源使用效率。管理创新水平越高，意味着国家级新区在推动绿色发展过程中解决问题的能力越强，通过国家级新区内资源的有效分配与管控，为国家级新区绿色增长能力的发展奠定基础（见表 3 - 1）。

表 3 - 1　　　　　国家级新区绿色增长能力形成的驱动因素

序号	关键问题：绿色增长能力驱动因素	A
1	政府投入	A_1
2	政府监管与宣传	A_2
3	企业绿色意识	A_3
4	企业绿色实践	A_4
5	非政府组织（NGO）监督与宣传	A_5
6	公众绿色意识	A_6
7	公众绿色消费行为	A_7
8	绿色投资	A_8
9	技术创新	A_9
10	管理创新	A_{10}

资料来源：笔者根据调研数据整理而得。

3.3.2　绿色增长能力形成的驱动路径分析

本小节借助贝叶斯网络仿真模型，阐明绿色增长能力的形成过程，并借助贝叶斯网络仿真软件中的致因链分析和敏感性分析，有效地梳理出国家级新区绿色增长能力形成的驱动路径，以及驱动路径中的关键因素。

3.3.2.1　贝叶斯网络方法

贝叶斯网络方法（Bayesian network）是一种根据概率不确定性，进而科学推理的网络模式，因此，又被称为因果概率网络。相较于其他方式，贝叶斯网络充分综合了贝叶斯方法以及图论方法，对于客观事物间存在的条件概率分布以及彼此之间的关联性能够直观、准确地展示出来，[①] 从这点来看，贝叶斯网络方法已经成为针对不确定性问题进行有效分析的重要手段。正因如此，在众多领域中，如交通物流、金融分析与预测以及数据挖掘等方面，贝叶斯网络方法已经被广泛运用。贝叶斯网络方法的主要概念以及相关公式，包括以下四方面。

1. 条件概率

能否精准求出条件概率，是决定贝叶斯网络运用的关键。条件概率的内涵，是当事件 B 已发生的前提下，事件 A 发生的概率是多少，记为

$$P(A \mid B) = \frac{P(AB)}{P(B)}$$，且 $P(B) > 0$。

2. 全概率公式

假设实验 E 的样本空间 S，其中，S 有一组事件（记为 B_1，B_2，…，B_n），彼此之间互不相容，而且，$P(B_i) > 0$（$i = 1$，2，…，n），A 为任意事件，则有全概率公式：

$$P(A) = P(A \mid B_1)P(B_1) + P(A \mid B_2)P(B_2) + \cdots$$

$$+ P(A \mid B_n)P(B_n) = \sum_{i=1}^{n} P(A \mid B_i)P(B_i)$$

3. 联合概率分布

假设具有 A_1，A_2，…，A_n n 个事件，基于链式法则理论，可以计算联合概率分布：$P(A_1, A_2, \cdots, A_n) = \prod_{i=1}^{n} P(A_i \mid A_1, A_2, \cdots, A_{i-1})$。

4. 贝叶斯定理

假设实验 E 的样本空间为 Ω，其中，Ω 有一组事件（记为 B_1，B_2，…，

---

① 张连文，郭海鹏. 贝叶斯网引论 [M]. 北京：科学出版社，2006.

B_n)，彼此之间互不相容，则对应任何一个事件 A 有 $P(B_i \mid A) = \dfrac{P(A \mid B_i)P(B_i)}{\sum_{i=1}^{n} P(A \mid B_i)P(B_i)}$，此时，$P(B_i)$ 为先验概率，$P(B_i \mid A)$ 为后验概率。

基于此可以看出，贝叶斯定理呈现出一种双向推理的特征，不仅能够通过后验概率推理得出先验概率，而且，可以通过先验概率求出后验概率，彼此之间的计算，均以对方存在为条件。

3.3.2.2 贝叶斯网络结构

从直观上看，有方向但不呈现闭环的状态（即"有向无环"）是贝叶斯网络结构的主要特征，从结构上看，贝叶斯网络由网络节点以及节点之间的有向边两部分构成。

在通常情况下，为确定贝叶斯网络结构中各节点的逻辑关系，需要在理论研究的基础上，结合专家头脑风暴法或德尔菲法，来厘清网络节点之间的逻辑关系或因果关系，这是后续搭建贝叶斯网络模型的重要依据。

如图 3-2 所示，任意两个网络节点之间若存在链接，表明二者存在逻辑关系；否则，便不存在逻辑关系。而且，需要注意的是，连接两个网络节点的"线"是有方向的，箭头被指向的网络节点被称为子节点，而另一边的网络节点则被称为父节点。例如，图中的 A_3 与 A_9 存在逻辑关系，其中，A_9 是被箭头指向的方向，称为子节点，A_3 则被称为父节点。此外，若通过有效推理，可由 A_3 推导出 A_9 发生的概率，同时，也可以由 A_9 推导出 A_3 发生的概率。

而且，从各个网络节点的值域分析，A 的值域记为 $\{0,1\}$，表示国家级新区绿色增长能力形成与否，若不形成绿色增长能力，则为 0；若形成，则为 1。A_1 至 A_{10} 的值域均记为 $\{0,1\}$，依次表示政府投入、政府监管与宣传、企业绿色意识、企业绿色实践、非政府组织（NGO）监督与宣传、公众绿色意识、公众绿色消费行为、绿色投资、技术创新、管理创新等要素在国家级新区绿色增长中"不发生"的状态与"发生"的状态。

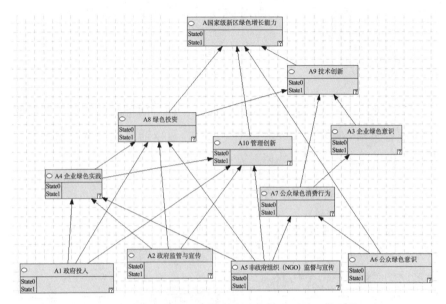

图 3 - 2　国家级新区绿色增长能力的贝叶斯网络结构

资料来源：笔者根据调研数据应用贝叶斯网络仿真软件整理而得。

3.3.2.3　贝叶斯网络推理分析

目前，学术界较为认可贝叶斯网络模型仿真软件（graphical network interface，GeNIe）。该软件由美国匹兹堡大学决策系统实验室开发。[①] 运用 GeNIe 软件，一方面，可以实现贝叶斯网络结构的清晰可视化；另一方面，可以实现贝叶斯网络的快速计算推理，进而被众多专注不确定分析的学者积极使用。在通常情况下，运用 GeNIe 软件主要包括以下三个环节。

1. 确定条件概率表

据前文所知，完整的贝叶斯网络包括网络结构以及网络结构中的节点参数。在通常情况下，网络结构搭建完成时，基于逻辑关系，还应该

---

① Boudali H., Dugan J. B. A discrete-time Bayesian network reliability modeling and analysis framework [J]. Reliability Engineering & System Safety, 2005, 87 (3): 337 – 349.

梳理各个网络节点的概率关系，即计算各个网络节点的条件概率表，这是运用贝叶斯网络模型的关键，是决定推理结果的重要一环。

在一般情况下，计算条件概率应建立在大量样本数据的基础上，以此来刻画各个网络节点不同取值时的情况。但在实际操作中，各个网络节点难以直接获得精确的概率，因此，可采用模糊概率的处理方式进行操作。[①] 为此，本书采用问卷调查方式来收集专家意见，并通过三角模糊数处理方法，将专家意见转化为相关模糊数。

三角模糊数相当于一种中介桥梁，能够将不确定的语句表述和确定数据之间有效链接，因而适用于对评价对象无法进行准确度量，却又希望得出相关数据的情境。在通常情况下，三角模糊数处理方法习惯引入"由非常低到非常高"的七级语句表述，并可以根据表 3 - 2 将其对应转化为三角模糊数。

表 3 - 2　　　　　　　　状态概率对应三角模糊数

概率（%）	三角模糊数	语句表述
<1	(0.0, 0.0, 0.1)	非常低
1 ~ 10	(0.0, 0.1, 0.3)	↑
10 ~ 33	(0.1, 0.3, 0.5)	
33 ~ 66	(0.3, 0.5, 0.7)	中等
66 ~ 90	(0.5, 0.7, 0.9)	
90 ~ 99	(0.7, 0.9, 1.0)	↓
>99	(0.9, 1.0, 1.0)	非常高

资料来源：笔者根据调研数据应用贝叶斯网络模型仿真软件整理而得。

本书的研究，为得出不同网络节点在不同状态下的发生概率，拟采取综合多位专家的意见，并将其转化为三角模糊数的方法，进而得出相关数据。假设存在 q 个专家，第 k 个专家给出的节点 X_i 处于状态 j 的概率，可根据表 3 - 2 转化为三角模糊数 $\hat{P}_{ij}^k = (A_{ij}^k, C_{ij}^k, B_{ij}^k)(k = 1, 2, \cdots, q)$。

---

① 马德仲，周真，于晓洋，等. 基于模糊概率的多状态贝叶斯网络可靠性分析 [J]. 系统工程与电子技术，2012，34（12）：2607 - 2611.

然后，可采用算术平均法来综合多个专家的判断结果，即 $\tilde{P}'_{ij} = $
$\dfrac{(\tilde{P}^{1}_{ij} \oplus \tilde{P}^{2}_{ij} \oplus \cdots \oplus \tilde{P}^{q}_{ij})}{q} = (A'_{ij}, C'_{ij}, B'_{ij})$。之后，运用均值面积法对模糊概率

进行解模糊处理，即节点 X_i 处于 j 状态的概率为：$P'_{ij} = \dfrac{A'_{ij} + 2C'_{ij} + B'_{ij}}{4}$。

最后，通过归一化处理得到节点 X_i 处于 j 状态的概率为 $P_{ij} = \dfrac{P'_{ij}}{\sum P'_{ij}}$。

本书邀请了两位长期从事可持续发展与绿色增长研究的教授，一位研究绿色转型与绿色增长的博士研究生，以及两位国家级新区管委会的工作人员，一同组建专家打分项目组。五位专家先充分考虑了各个网络节点的父节点的条件状态，然后，针对该网络节点的发生概率提出意见。在此基础上，根据三角模糊数的计算过程，将专家意见转换为三角模糊数，从而得到国家级新区绿色增长能力驱动要素的条件概率。

由于国家级新区绿色增长能力的驱动要素众多，考虑此原因，本书以企业绿色实践（A4）为例进行说明（企业绿色实践有三个父节点，即政府投入 A1、政府监管与宣传 A2、非政府组织（NGO）监督与宣传A5）。通过表 3-3 可以看出，父节点政府投入（A_1）、父节点政府监管与宣传（A_2）、父节点非政府组织（NGO）监督与宣传（A_5）在不同的条件状态下，企业绿色实践有两种状态的概率分布。例如，在非政府组织（NGO）监督与宣传（A_5）不发生，而政府投入（A_1）、政府监管与宣传（A_2）发生的条件下，企业绿色实践发生的概率为 0.53，不发生的概率则是 0.47；在非政府组织（NGO）监督与宣传（A_5）发生，而政府投入（A_1）、政府监管与宣传（A_2）不发生的条件下，企业绿色实践发生的概率则是 0.44，不发生的概率则是 0.56；根据此逻辑，当计算出不同网络节点、不同状态的条件概率时，可借助仿真软件 GeNIe，录入条件概率，以便后续计算。再以"公众绿色消费行为（A_7）"为例，

对条件概率的计算进行有效说明（公众绿色消费行为只有两个父节点，即非政府组织（NGO）监督与宣传 A5、父节点公众绿色意识 A6）。通过表 3 - 3 可以看出，父节点非政府组织（NGO）监督与宣传（A5）、公众绿色意识（A6）是在不同的条件状态下公众绿色消费行为两种状态的概率分布。例如，在非政府组织（NGO）监督与宣传（A5）、公众绿色意识（A6）不发生的条件下，公众绿色消费行为（A_7）不发生的概率是 0. 30，发生的概率是 0. 70；在非政府组织（NGO）监督与宣传（A5）、公众绿色意识（A6）发生的条件下，公众绿色消费行为（A_7）不发生的概率是 0. 41，发生的概率是 0. 59。

表 3 - 3　　企业绿色实践（A4）与公众绿色消费行为（A7）的条件概率

	条件		三角模糊数		概率	
	State 0	State 1	State 0	State 1	State 0	State 1
A_4	—	A_1、A_2、A_5	(0. 07, 0. 16, 0. 29)	(0. 79, 0. 86, 0. 97)	0. 13	0. 87
	A_5	A_1、A_2	(0. 22, 0. 51, 0. 64)	(0. 41, 0. 42, 0. 87)	0. 47	0. 53
	A_2	A_1、A_5	(0. 15, 0. 36, 0. 74)	(0. 48, 0. 68, 0. 76)	0. 35	0. 65
	A_2、A_5	A_1	(0. 11, 0. 28, 0. 33)	(0. 56, 0. 73, 0. 98)	0. 25	0. 75
	A_1	A_2、A_5	(0. 14, 0. 29, 0. 63)	(0. 44, 0. 75, 0. 86)	0. 30	0. 70
	A_1、A_5	A_2	(0. 56, 0. 70, 0. 88)	(0. 15, 0. 270. 47)	0. 70	0. 30
	A_1、A_2	A_5	(0. 11, 0. 51, 0. 63)	(0. 30, 0. 61, 0. 72)	0. 44	0. 56
	A_1、A_2、A_5	—	(0. 79, 0. 80, 0. 93)	(0. 02, 0. 14, 0. 38)	0. 83	0. 17
A_7	—	A_5、A_6	(0. 18, 0. 28, 0. 45)	(0. 59, 0. 68, 0. 85)	0. 30	0. 70
	A_5	A_6	(0. 34, 0. 56, 0. 89)	(0. 16, 0. 43, 0. 62)	0. 59	0. 41
	A_6	A_5	(0. 36, 0. 51, 0. 70)	(0. 25, 0. 51, 0. 65)	0. 52	0. 48
	A_5、A_6	—	(0. 21, 0. 43, 0. 62)	(0. 44, 0. 55, 0. 82)	0. 41	0. 59

注："—"表示条件为不发生。

资料来源：笔者根据调研数据应用贝叶斯网络模型仿真软件整理而得。

用前文说明的计算方式，将计算后的条件概率录入贝叶斯网络模型仿真软件中，即 GeNIe 软件，并借助其计算相应的先验概率以及后验概率。表 3 - 4 显示了各个父节点的后验概率情况，并以企业绿色实践为例，说明了先验概率和后验概率的计算过程。

表 3 − 4　　　　　　　　　　各父节点后验概率

状态	节点	State 0	State 1	状态	节点	State 0	State 1
A = State 0	A_3	0.52	0.48	A = State 1	A_3	0.31	0.69
	A_6	0.37	0.63		A_6	0.37	0.63
	A_8	0.47	0.53		A_8	0.23	0.77
	A_9	0.47	0.53		A_9	0.29	0.71
	A_{10}	0.29	0.71		A_{10}	0.17	0.83
A_3 = State 0	A_7	0.68	0.32	A_3 = State 1	A_7	0.26	0.74
A_4 = State 0	A_1	0.47	0.53	A_4 = State 1	A_1	0.26	0.74
	A_2	0.46	0.54		A_2	0.34	0.66
	A_5	0.44	0.56		A_5	0.21	0.79
A_7 = State 0	A_5	0.27	0.73	A_7 = State 1	A_5	0.17	0.83
	A_6	0.45	0.55		A_6	0.32	0.68
A_8 = State 0	A_1	0.35	0.65	A_8 = State 1	A_1	0.32	0.68
	A_2	0.38	0.62		A_2	0.38	0.62
	A_4	0.47	0.53		A_4	0.27	0.73
	A_5	0.32	0.68		A_5	0.31	0.69
A_9 = State 0	A_3	0.59	0.41	A_9 = State 1	A_3	0.25	0.75
	A_7	0.48	0.52		A_7	0.39	0.61
	A_8	0.18	0.82		A_8	0.34	0.66
A_{10} = State 0	A_1	0.35	0.65	A_{10} = State 1	A_1	0.33	0.67
	A_2	0.39	0.61		A_2	0.38	0.62
	A_4	0.47	0.53		A_4	0.30	0.70
	A_5	0.19	0.81		A_5	0.31	0.69

资料来源：笔者根据调研数据应用贝叶斯网络模型仿真软件整理而得。

2. 致因链分析

　　致因链分析是指，从最终节点倒查，依次确定后验概率较大的父节点，即从直接影响国家级新区绿色增长能力形成的众多影响因素中，挑选出影响程度较大的因素，按照此逻辑，继续确定其后验概率较大的父节点，直至查明贝叶斯网络结构最外围的因素。而这些因素组成的关系链条，既是导致国家级新区绿色增长能力形成的重要致因链，也可视为国家级新区绿色增长能力形成的关键驱动路径，见图 3－3。

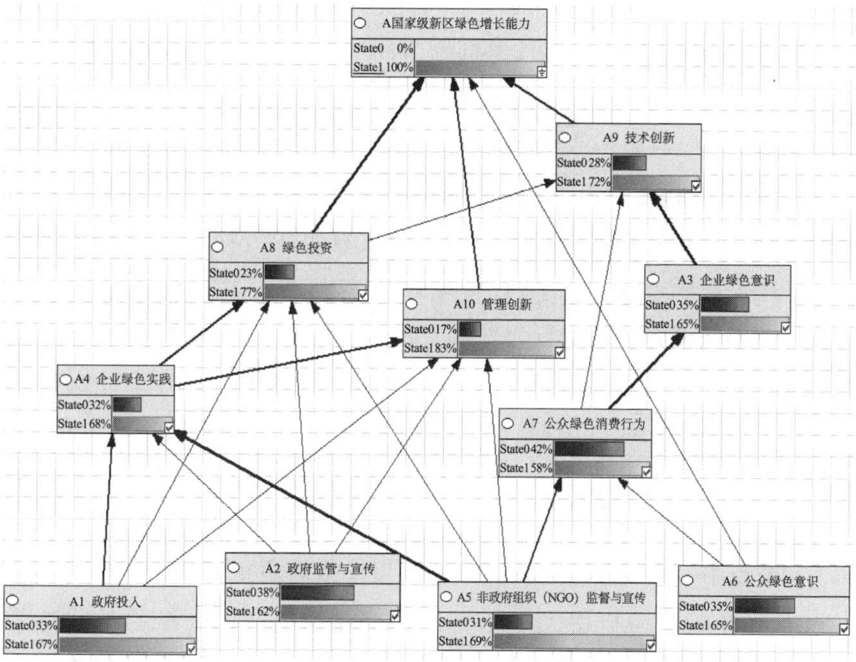

图 3－3　国家级新区绿色增长能力形成的致因链分析

资料来源：笔者根据调研数据应用贝叶斯网络仿真软件整理而得。

在通常情况下，后验概率大于 0.70，即可认为影响程度较大，这意味着后验概率大于 0.70 的父节点也可列入关键致因链的范围内。本章通过借助贝叶斯网络专业仿真软件，能够准确地计算出国家级新区绿色增长能力贝叶斯网络结构的最终网络节点——即在绿色增长能力形成的前提下，其余各个网络节点的后验概率是多少，进而可以梳理出国家级新区绿色增长能力形成的致因链。

本段依据倒推顺序叙述，由表 3－4 可知，当绿色增长能力的状态为 State1 ＝100％ 时，在管理创新（A_{10}）、技术创新（A_9）、绿色投资（A_8）、企业绿色意识（A_3）及公众绿色意识（A_6）这 5 个父节点中，只有管理创新（A_{10}）、技术创新（A_9）与绿色投资（A_8）的后验概率大于 0.70。当管理创新（A_{10}）的状态为 State1 ＝100％ 时，在政府投入

（A_1）、政府监管与宣传（A_2）、企业绿色实践（A_4）、非政府组织（NGO）监督与宣传（A_5）这 4 个父节点中，只有企业绿色实践（A_4）的后验概率等于 0.70。当技术创新（A_9）的状态为 State1 = 100% 时，在企业绿色意识（A_3）、公共绿色消费行为（A_7）、绿色投资（A_8）这 3 个父节点中，只有企业绿色意识（A_3）的后验概率大于 0.70。当绿色投资（A_8）的状态为 State1 = 100% 时，在政府投入（A_1）、政府监管与宣传（A_2）、企业绿色实践（A_4）、非政府组织（NGO）监督与宣传（A_5）这 4 个父节点中，只有企业绿色实践（A_4）的后验概率大于 0.70。而当公众绿色消费行为（A_7）的状态为 State1 = 100% 时，在非政府组织（NGO）监督与宣传（A_5）及公众绿色意识（A_6）2 个父节点中，只有非政府组织（NGO）监督与宣传（A_5）的后验概率大于 0.70。此外，当企业绿色实践（A_4）的状态为 State1 = 100% 时，在政府投入（A_1）、政府监管与宣传（A_2）、非政府组织（NGO）监督与宣传（A_5）3 个父节点中，只有政府投入（A_1）以及非政府组织（NGO）监督与宣传（A_5）中的后验概率大于 0.70。当企业绿色意识（A_3）的状态为 State1 = 100% 时，其父节点公共绿色消费行为（A_7）的后验概率大于 0.70。将这些后验概率大于 0.70 的要素进行链接，形成国家级新区绿色增长能力形成的关键路径：（1）政府投入/非政府组织（NGO）监督与宣传—企业绿色实践—绿色投资—绿色增长能力；（2）政府投入/非政府组织（NGO）监督与宣传—企业绿色实践—管理创新—绿色增长能力；（3）非政府组织（NGO）监督与宣传—公众绿色消费行为—企业绿色意识—技术创新—绿色增长能力，如图 3 - 3 所示。

第一，从 {A_1/A_5—A_4—A_8—A} 来看，即 {政府投入/非政府组织（NGO）监督与宣传—企业绿色实践—绿色投资—绿色增长能力}。规模较大的政府投入具有撬动作用，能够引导大量资源进入国家级新区绿色发展过程中，如加强国家级新区内有利于绿色生产的基础设施建设、搭建国家级新区公共技术平台等，这有利于推动国家级新区内各个企业加快绿色生产行为、开展绿色实践，进而加大绿色投入，提升国家级新区绿色增长能力。非政府组织（NGO）监督与宣传和政府投入强调不同的资源引入，其更多从思维引导和行为监督方面促进国家级新区企业开展绿色生产行为。非政府组织（NGO）监督与宣传力度越大，对国家级新区企业不良行为的约束力就越强，国家级新区企业主动开展绿色实践行为的可能性就越大。而伴随着企业绿色实践的日益增多，即国家级新区内整体绿色投资逐渐增多，为绿色增长能力提升奠定了丰富的资本基础。

第二，从 $\{A_1/A_5—A_4—A_{10}—A\}$ 来看，即 $\{$政府投入/非政府组织（NGO）监督与宣传—企业绿色实践—管理创新—绿色增长能力$\}$。该路径与上述路径仅存在一点不同，即企业绿色实践通过影响管理创新进而影响绿色增长能力。基于前文分析，政府投入、非政府组织（NGO）监督与宣传均对企业绿色实践有正向影响，而企业绿色实践则对企业管理创新以及国家级新区管理提出更高的要求，进而推动其开展管理创新，这将为绿色增长能力的形成奠定良好的环境基础、主体间关系基础。

第三，从 $\{A_5—A_7—A_3—A_9—A\}$ 来看，即 $\{$非政府组织（NGO）监督与宣传—公众绿色消费行为—企业绿色意识—技术创新—绿色增长能力$\}$。非政府组织（NGO）作为第三方，通过其有效地监督与宣传，可增强公众的环保意识，这在一定程度上会扩大绿色产品的市场需求，引导消费者选择绿色消费。伴随着绿色消费行为的普遍化，倒逼企业绿色环保意识逐步增强，进而加大绿色产品的研发力度与生产力度，提升绿色增长能力。

3. 敏感性分析

敏感性分析是指，通过分析不同网络节点的变化程度对目标网络节点的影响程度，界定出哪些因素对目标网络节点的影响更为重要。通常的做法为，调整某一网络节点的发生概率，来查看目标网络节点变化的大小。原则上，对目标网络节点产生较大影响的网络节点，应该位于关键致因链中。因此，本书要想探讨国家级新区绿色增长能力的关键影响因素，应将重点放在关键致因链中的各个网络节点中，即对政府投入（A_1）、企业绿色意识（A_3）、企业绿色实践（A_4）、非政府组织（NGO）监督与宣传（A_5）、公众绿色消费行为（A_7）、绿色投资（A_8）、技术创新（A_9）与管理创新（A_{10}）进行敏感性分析。当上述各个节点的发生概率分别由不发生到发生，即政府投入（A_1）、企业绿色意识（A_3）、企业绿色实践（A_4）、非政府组织（NGO）监督与宣传（A_5）、公众绿色消费行为（A_7）、绿色投资（A_8）、技术创新（A_9）、管理创新（A_{10}）的 State1 发生概率分别由 0 向 1 均匀增加，而其他各节点保持不变时，观察国家级新区绿色增长能力形成概率的变化趋势。国家级新区绿色增长能力形成概率的变化趋势越大，说明该驱动要素对绿色增长能力的影响就越敏感、越重要。由图 3-4 可见，上述驱动要素的敏感性由高到低依次为管理创新（A_{10}）、绿色投资（A_8）、技术创新（A_9）、公众绿色消费行为（A_7）、非政府组织（NGO）监督与宣传（A_5）、企业绿色实践（A_4）、政府投入（A_1）、企业绿色意识（A_3）。此外，GeNIe 软件中的 "sensitivity analysis" 功能键可实现敏感性分析，并对敏感性较大的节点进行自动标红处理。根据图 3-5 所示，管理创新（A_{10}）、绿色投资（A_8）与技术创新（A_9）是影响国家级新区绿色增长能力较为敏感的节点，可视为影响国家级新区绿色增长能力形成的关键驱动要素。

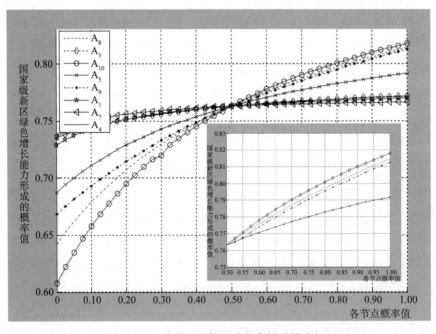

图 3-4　致因链中的驱动要素敏感性分析

资料来源：笔者根据调研数据应用贝叶斯网络仿真软件整理绘制而得。

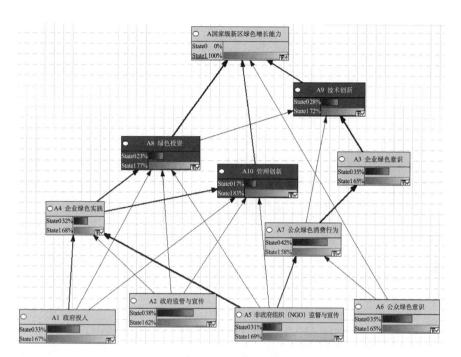

图 3 - 5　基于 Sensitivity Analysis 功能键的敏感性分析

资料来源：笔者根据调研数据应用贝叶斯网络仿真软件整理绘制而得。

针对以上研究结果，原因分析有以下两点。

第一，从理论逻辑上来看，技术创新与管理创新均属于创新范畴。而创新是国家级新区绿色增长能力的核心表现，是绿色增长能力形成的重要基础。只有在进行有效管理创新和高强度技术创新的前提下，国家级新区绿色增长能力才会大幅度提高。从这一点来看，管理创新与技术创新对国家级新区绿色增长能力的影响至关重要。绿色投资对国家级新区绿色增长能力同样具有较强的关联性。相比只注重经济效益的传统投资，绿色投资将生产投资与防治环境污染统一起来，综合考虑了经济、社会、生态之间和谐发展的关系，是一种可持续发展投资。因此，从这一点来看，绿色投资体现了国家级新区为实现绿色发展做出的承诺，也代表着国家级新区未来绿色增长的潜力。因此，国家级新区绿色投资越多，经济利益与环境保护的融合度就越高，国家级新区绿色增长能力就越强。

第二，从要素间的关系来看，管理创新、技术创新以及绿色投资是国家级新区绿色增长能力的最直接驱动要素，其他驱动要素更多的是需要借助于影响这三个要素，才会影响国家级新区的绿色增长能力。尽管公众绿色消费行为（A_7）也会直接影响国家级新区的绿色增长能力，但更大程度上还需通过技术创新要素进行传递。此外，公众绿色意识（A_6）虽然也会直接影响国家级新区的绿色增长能力，但其作用往往需要在加大绿色投资、推行管理创新、实施技术创新的基础上才能真正发挥作用。若国家级新区内的绿色投资较弱，且在管理创新水平以及技术创新水平上明显滞后，即使国家级新区内公众绿色消费习惯已经形成，也不能促进绿色增长能力的提升。因此，相对于其他驱动要素，绿色投资、技术创新、管理创新是在国家级新区绿色增长能力形成过程中最关键的驱动要素。

4. 结果讨论与分析

通过贝叶斯网络分析结果，从系统角度识别出国家级新区的绿色增长能力形成的关键驱动路径以及关键驱动要素（见图3-6）。

第一，从驱动要素来看，政府监管与宣传、政府投入、非政府组织（NGO）监督与宣传、公众绿色意识这四个要素并不受其余驱动要素的影响或刺激，需要通过影响其他驱动要素进而影响绿色增长能力。因此，政府监管与宣传、政府投入、非政府组织（NGO）监督与宣传、公众绿色意识这四个驱动要素，是驱动国家级新区绿色增长能力形成的起始驱动要素。因此，从这一点来看，这四个驱动要素对国家级新区的绿色增长能力发挥了基础性作用。而绿色投资、管理创新、技术创新能够直接影响国家级新区的绿色增长能力，并受其他驱动要素的刺激或影响，是关键驱动要素。此外，企业绿色意识、企业绿色实践以及公众绿色消费既不是驱动国家级新区绿色增长能力形成的起始驱动因素，也不能直接作用于国家级新区的绿色增长能力，三者更多地发挥桥梁功能作用，如图3-6所示。

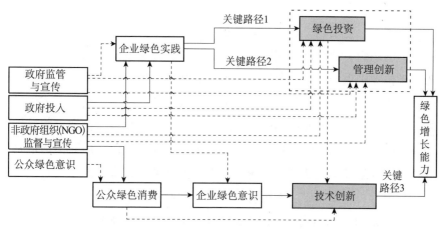

图 3 - 6　国家级新区绿色增长能力驱动路径

资料来源：笔者根据相关的数据应用贝叶斯网络仿真软件整理绘制而得。

第二，从驱动路径来看，存在多条影响国家级新区绿色增长能力形成的驱动路径。通过致因链分析的结果可知，国家级新区绿色增长能力主要有以下三条关键驱动路径。

①｛政府投入/非政府组织（NGO）监督与宣传—企业绿色实践—绿色投资—绿色增长能力｝；

②｛政府投入/非政府组织（NGO）监督与宣传—企业绿色实践—管理创新—绿色增长能力｝；

③｛非政府组织（NGO）监督与宣传—公众绿色消费行为—企业绿色意识—技术创新—绿色增长能力｝（见图 3 - 6）。此外，借助贝叶斯网络仿真软件，通过敏感性分析发现，位于关键驱动路径中的绿色投资、管理创新、技术创新是影响国家级新区绿色增长能力的关键驱动要素。

3.4　本章小结

本章运用文献分析法，识别出国家级新区绿色增长形成的关键主体，即政府、企业、非政府组织（NGO）和公众，并对彼此间的互动关系进行解析；立足四个行为主体以及国家级新区，遵循从微观主体到宏观整体的逻辑，梳理出国家级新区绿色增长能力形成的动力因素。以此为基础构建国家级新区绿色增长能力形成的贝叶斯网络模型，并通过实施致因链分析与敏感性分析，识别出国家级新区绿色增长能力形成的关键驱动要素以及关键驱动路径，从而明晰了各驱动要素对国家级新区绿色增长能力形成的影响作用关系，揭示出国家级新区绿色增长能力的形成机理。为后续更为详细、系统、全面地提炼国家级新区绿色增长能力的影响因素奠定了基础。本章有以下三条重点结论。

（1）通过文献研究，系统识别出国家级新区绿色增长能力形成的驱动要素，主要包括政府投入、政府监管与宣传、企业绿色意识、企业绿色实践、非政府组织（NGO）监督与宣传、公众绿色意识、公众绿色消费行为、绿色投资、技术创新、管理创新10个驱动要素。

（2）通过贝叶斯网络模型的致因链分析，识别出国家级新区绿色增长能力形成的关键驱动路径：｛政府投入/非政府组织（NGO）监督与宣传—企业绿色实践—绿色投资—绿色增长能力｝｛政府投入/非政府组织（NGO）监督与宣传—企业绿色实践—管理创新—绿色增长能力｝以及｛非政府组织（NGO）监督与宣传—公众绿色消费行为—企业绿色意识—技术创新—绿色增长能力｝。

（3）通过贝叶斯网络模型的敏感性分析，提炼出国家级新区绿色增长能力形成的三个关键驱动要素，即绿色投资、管理创新、技术创新。三者均受其他驱动要素的影响，并且，直接作用于国家级新区的绿色增长能力。而政府监管与宣传、政府投入、非政府组织（NGO）监督与宣传、公众绿色意识四个驱动要素，属于驱动国家级新区绿色增长能力形成的起始驱动要素。

第 4 章

国家级新区绿色增长能力影响因素分析

国家级新区绿色增长能力建设与提升是一个涉及多层次主体相互作用的复杂动态过程，受众多利益相关者的综合影响。本章将基于利益相关者理论与系统论展开国家级新区绿色增长能力的影响因素分析，并利用灰数理论（grey theory）与决策实验室分析（DEMATEL）方法相结合的方法建立影响因素分析模型，在计算出各影响因素中心度与原因度的基础上，识别关键影响因素，并确定各因素之间的原因—结果关系。

4.1 影响因素识别与筛选

国家级新区绿色增长能力培育与建设，是一项十分复杂的系统工程。显然，清楚地识别这些利益主体及其相互间的影响关系，不仅有利于国家级新区的健康发展，同时，也有助于国家级新区相关的绿色实践活动的开展，进而促进国家级新区绿色增长能力的提升。基于利益相关者理论，本书从政府

（政府政策和法律法规）、企业（企业高层管理者、企业普通员工、企业绿色实践、企业绿色技术创新等）、非政府组织（NGO）（合作、监督、指导与宣传）与公众（公众环保意识、公众绿色消费、公众认同感）四大主体视角出发，梳理和识别影响国家级新区绿色增长能力建设的主要因素。

4.1.1　政府层面

政府作为国家级新区绿色增长能力培育的核心参与者,[①] 可依赖其权威性，进行绿色发展制度框架乃至相关经济活动规则的制定，从而为提升国家级新区的绿色增长能力保驾护航。

第一，由于提升国家级新区绿色增长能力在短期内消耗巨大，回报的多少与回报时机也具有高度不确定性，因此，需要通过一系列政府支出弥补短期成本和长期效益之间的时间差距。政府支出不仅反映出当地对绿色增长的重视程度，还显示出该地区绿色增长的潜力。[②] 张旭与杜瑶从财政扶持的角度，分析了政府在绿色增长能力培育中的作用。[③] 一方面，有学者强调，应加强针对绿色增长能力培育的财政直接投资，包括对技术研发投入、污染治理投入以及基础设施建设投入等的财政直接投资；[④⑤] 另一方面，有学者认为，政府应通过采取积极的财政补贴政策，正向强化企业实施绿色管理的动力。[⑥⑦]

---

① 中国环境与发展国际合作委员会. 中国绿色经济发展机制与政策创新 [M]. 北京：中国环境科学出版社，2011.

② 尚思宁. 政府科技支出对城市绿色增长的影响——基于绿色全要素生产率视角 [J]. 投资与创业，2021，32（20）：55–57.

③ 张旭，杜瑶. 绿色增长战略实施能力体系研究 [J]. 科研管理，2014，35（12）：153–159.

④ UNEP. Measuring progress towards an inclusive green economy [R]. Nairobi：UNEP，2012.

⑤ 中国科学院可持续发展战略研究组. 2011 年中国可持续发展战略报告：实现绿色经济转型 [M]. 北京：科学出版社，2012.

⑥ Van Der Ploeg R.，Withagen C. Green growth，green paradox and the global economic crisis [J]. Environmental Innovation and Societal Transitions，2013（6）：116–119.

⑦ Frondel M.，Horbach J.，Rennings K. End-of-pipe or cleaner production? An empirical comparison of environmental innovation decisions across OECD countries [J]. Business Strategy & the Environment，2007，16（8）：571–584.

　　第二，政府监管是提升绿色增长能力重点考虑的内容之一。德尔马斯·M. 和托费尔·M. W.（Delmas M. and Toffel M. W.，2010）研究发现，以管制为特征的强制力是企业实施绿色转型和寻求绿色发展的主要推动力。① 孙英敏对制造业绿色增长进行研究发现，政府对制造业绿色增长的实际支持力度越大，制造业绿色转型投资整体水平就越高。政府对制造业绿色增长的支持，决定着制造业企业寻求绿色可持续产业投资、实现传统产能转换的可能性，在中国产业经济发展的重要方向上，政府具有的正向积极价值十分重要。② 目前，学者更多的是从政策法规制定的角度，包括节能减排政策、污染处罚标准、绿色产品标准等，以此明确政府监管目标或监管标准，迫使企业寻求绿色发展与绿色转型。③ 正如瓦伦丁·S. V.（Valuntine S. V.）所言，命令式的环境规制工具，即强制型法律法规，能够有效地影响企业环境行为，而法律法规再完善如果没有得到有效执行，等同于一纸空文。④ 因此，有学者从政府监察的执行力来考虑对绿色增长能力的倒逼效应。例如，达斯古普塔·S. 等（Dasgupta S. et al.）对环境监察和排污收费对中国环保性能的影响展开研究，发现环境监察比排污收费的影响更为显著。⑤

　　第三，除了在财政扶持、政策监管等方面政府可以发挥自身服务功能引导国家级新区企业实施绿色增长行为，正如吕晓菲和卢小丽的研究所述，绿色增长意识的塑造对于资源型城市绿色增长能力的提升发挥了重大作用。⑥ 政府应大力宣传环境保护、经济发展的相互关系和重要意

　　① Delmas M.，Toffel M. W. Stakeholders and environmental management practices：An institutional framework［J］. Business Strategy & the Environment，2010，13（4）：209 –222.

　　② 孙英敏. 我国绿色增长方式形成的投资动力机制研究——基于制造业数据的实证分析［J］. 科技促进发展，2021，17（4）：588 –594.

　　③ Zheng S.，Yi H.，Li H. The impacts of provincial energy and environmental policies on air pollution control in China［J］. Renewable & Sustainable Energy Reviews，2015，49：386 –394.

　　④ Valentine S. V. Policies for enhancing corporate environmental management：A framework and an applied example［J］. Business Strategy & the Environment，2012，21（5）：338 –350.

　　⑤ Dasgupta S.，Laplante B.，Mamingi N.，et al. Inspections，pollution prices，and environmental performance：Evidence from China［J］. Ecological Economics，2004，36（3）：487 –498.

　　⑥ 吕晓菲，卢小丽. 资源型城市绿色增长能力评价研究［J］. 科研管理，2016，37（9）：89 –97.

义，加强绿色环保的政策宣传，总结先进典型案例，推广成功经验及有效模式，深入培育绿色增长意识。此外，由于各国家级新区的绿色增长能力参差不齐，因此，政府可通过提供对外合作协商服务，推动其与其他国家级新区开展正式或非正式的经验交流活动，就污染转移、落后技术再利用、绿色壁垒、绿色贸易障碍等问题进行磋商，这是促进国家级新区绿色增长能力构建的重要途径。

综合上述文献研究，在政府层面，本书归纳出六个影响国家级新区绿色增长能力建设的主要因素，分别为财政投入力度、财政补贴力度、法律法规完善性、政府监管执行力、绿色宣传服务力度、对外合作协商服务水平，分别记为 C1、C2、C3、C4、C5、C6。

4.1.2 企业层面

帕克·B. I. 和高里·P. N. （Park B. I. and Ghauri P. N. ，2015）通过对企业社会责任实践影响因素的识别研究发现，企业高层领导与企业员工的环保意识与绿色行为是影响企业环境实践实施的关键因素。[1] 陈·L. 等（Chen L. et al. ）的研究也发现，园区管理者的环境意识对中国生态工业园可持续发展具有明显的正向影响。[2] 冯·Z. 等（Feng Z. et al. ）认为，企业内部的绿色管理活动（例如，绿色供应链管理、清洁生产、循环经济、环境标识认证等），是影响企业最终实现可持续发展的重要因素之一，同时，也是企业绿色增长能力的展现。[3]

戴·J. 等（Dai J. et al. ）在研究利益相关者压力与绿色供应管理的

---

[1]　Park B. I. , Ghauri P. N. Determinants influencing CSR practices in small and medium sized MNE subsidiaries: A stakeholder perspective [J]. Journal of World Business, 2015, 50 (1): 192 – 204.

[2]　Chen L. , Zhou Y. , Zhou D. , et al. Clustering enterprises into eco – industrial parks: Can interfirm alliances help small and medium – sized enterprises? [J]. Journal of Cleaner Production, 2017, 168: 1070 – 1079.

[3]　Feng Z. , Xu J. , Yang J. , et al. Strategic flexibility, green management and firm competitiveness in an emerging economy [J]. Technological Forecasting & Social Change, 2015, 101 (1): 347 – 356.

关系时发现，同行主要竞争者的绿色实践会对企业绿色发展产生很大影响。[①] 胡美琴与骆守俭认为，技术环境在一定程度上会影响企业绿色管理的发展。[②] 此外，营造有利于绿色实践活动执行的企业文化，也影响着企业的环境绩效与经济绩效。[③]

根据以上文献研究，在企业层面，本书归纳出六个影响国家级新区绿色增长能力建设的主要因素：企业高层领导者的文化水平与绿色意识、企业员工环境意识与学习能力、企业绿色管理实践、企业主要竞争者的绿色管理实践、企业绿色技术进步与创新能力、企业绿色文化，分别记为 C7、C8、C9、C10、C11、C12。

4.1.3　非政府组织（NGO）层面

哈兰戈佐·G. 和吉拉赫·G.（Harangozó G. and Zilahy G.）研究发现，非政府组织（NGO）是联系政府与企业之间的桥梁，加强非政府组织（NGO）与政府、企业的合作不仅有利于提高政府绿色决策的正确性与有效性，同时，也有助于促进企业绿色增长能力的提升。[④] 非政府组织（NGO）主要通过倡导、建言、调查、揭露等方式对政府、企业的绿色实践活动进行监督，具体体现在批评不负责任的企业、宣传表现好的企业、监督国家环保法规执行效果等方面。[⑤] 同时，非政府组织（NGO）

① Dai J. , Montabon F. L. , Cantor D. E. Linking rival and stakeholder pressure to green supply management：Mediating role of top management support［J］. Transportation Research Part E, 2014, 71（C）：173 – 187.

② 胡美琴，骆守俭. 基于制度与技术情境的企业绿色管理战略研究［J］. 中国人口·资源与环境，2009, 19（6）：75 – 79.

③ Dai J. , Montabon F. L. , Cantor D. E. Linking rival and stakeholder pressure to green supply management：Mediating role of top management support［J］. Transportation Research Part E, 2014, 71（C）：173 – 187.

④ Harangozó G. , Zilahy G. Cooperation between business and non – governmental organizations to promote sustainable development［J］. Journal of Cleaner Production, 2015, 89：18 – 31.

⑤ Park B. I. , Ghauri P. N. Determinants influencing CSR practices in small and medium sized MNE subsidiaries：A stakeholder perspective［J］. Journal of World Business, 2015, 50（1）：192 – 204.

不仅可以为企业的绿色管理活动提供资金支持，同时，可以组织专业人士对企业的绿色管理实践进行专业指导、培训，以增强企业绿色管理效率。① 此外，非政府组织（NGO）对绿色思想的倡导与宣传，还可以增强居民与消费者的环保意识，加强其对绿色管理与绿色增长等概念的理解。②

综合上述文献分析，在非政府组织（NGO）层面，本书归纳出四个影响国家级新区绿色增长能力建设的主要因素：与政府的合作、与企业的合作，监督政府绿色活动、企业绿色活动的执行情况，为企业绿色管理活动提供指导、培训与资金支持，通过宣传增强居民与消费者的环保意识，分别记为 C13、C14、C15、C16。

4.1.4　公众层面

本书的公众主要包括消费者与当地居民。黄栋和匡立余研究表明，消费者环保意识的提升以及绿色消费需求的增强将会对企业发展决策产生非常大的影响，驱使企业选择有利于其持续发展的绿色管理活动。③此外，消费者对企业绿色产品价格及质量的认同，也是确保企业或组织绿色增长实践活动长期坚持下去的重要推动力之一。④ 随着消费者对某绿色商品（价格、质量、服务等）满意度的不断提升，其会对生产此商品的企业或组织产生依赖性，由此提升对该品牌的忠诚度，从而最终影响企业开展绿色生产活动的积极性。⑤

当地居民是国家级新区建设的直接参与者、管理者与受益者，对国

---

①③　黄栋，匡立余. 利益相关者与城市生态环境的共同治理 ［J］. 中国行政管理，2006（8）：50－53.

②　Harangozó G. , Zilahy G. Cooperation between business and non－governmental organizations to promote sustainable development ［J］. Journal of Cleaner Production，2015，89：18－31.

④　Du S. , Bhattacharya C. B. , Sen S. Maximizing business returns to Corporate Social Responsibility（CSR）：The role of CSR communication ［J］. International Journal of Management Reviews，2010，12（1）：8－19.

⑤　Mishra S. , Suar D. Does corporate social responsibility influence firm performance of indian companies? ［J］. Journal of Business Ethics，2010，95（4）：571－601.

家级新区经济、环境的可持续发展诉求强烈。由此，当地居民环境意识的高低，影响着国家级新区绿色增长及其能力建设的进展。[①] 同时，刘兴民的实证研究表明，当地居民的参与是区域生态环境治理的重要环节，在居民参与下，不仅可以减少公共决策中不对称的利益与成本，还可以增强当地居民的环境素养，从而形成区域环境治理的良性循环。[②]

　　根据上述文献研究，在公众层面，本书归纳出六个影响国家级新区绿色增长能力建设的主要因素：消费者环保意识、消费者绿色消费需求、对绿色产品价格与产品质量的认同、对品牌的忠诚度、当地居民的环境意识、居民的参与程度，分别记为 C17、C18、C19、C20、C21、C22。

　　综上所述，影响国家级新区绿色增长能力建设的因素共有 22 个，具体见表 4 - 1。

表 4 - 1　　　　　国家级新区绿色增长能力的影响因素

利益相关者	编码	影响因素
政府	C1	财政投入力度
	C2	财政补贴力度
	C3	法律法规完善性
	C4	政府监管执行力
	C5	绿色宣传服务力度
	C6	对外合作协商服务水平
企业	C7	企业高层管理者的文化水平与绿色意识
	C8	企业员工环境意识与学习能力
	C9	企业绿色管理实践
	C10	企业主要竞争者的绿色管理实践
	C11	企业绿色技术进步与创新能力
	C12	企业绿色文化

① 杨文培，朱红涛. 基于利益相关者视角的节能生态系统分析 [J]. 生态经济（中文版），2008（9）：148 - 150.

② 刘兴民. 绿色生态城区运营管理研究 [M]. 北京：经济科学出版社，2014.

续表

利益相关者	编码	影响因素
非政府组织（NGO）	C13	加强非政府组织（NGO）与政府的合作、与企业的合作
	C14	非政府组织（NGO）监督政府绿色活动与企业绿色活动的执行情况
	C15	非政府组织（NGO）为企业绿色管理活动提供指导、培训与资金支持
	C16	非政府组织（NGO）通过宣传增强居民与消费者的环保意识
公众	C17	消费者环保意识
	C18	消费者绿色消费需求
	C19	消费者对绿色产品价格与绿色产品质量的认同
	C20	消费者对品牌的忠诚度
	C21	当地居民的环境意识
	C22	居民的参与程度

资料来源：笔者根据调研数据及以下 7 篇文献：①赵东方，武春友，商华．国家级新区绿色增长能力建设影响因素分析［J］．科技进步与对策，2018，35（12）：34－41．②倪方树，王家庭，曹清峰等．国家级新区评价指标体系构建及对河北雄安新区发展的启示——基于五大发展理念的视角［J］．城市，2017（6）：3－8．③张颖，陈波．国家高新区竞争力影响因素及对策分析［J］．现代商业，2012（12）：184－185．④赵东方，武春友，商华．国家级新区绿色增长能力提升路径研究［J］．当代经济管理，2017，39（12）：16－20．⑤吴武林，周小亮．中国包容性绿色增长测算评价与影响因素研究［J］．社会科学研究，2018（1）：27－37．⑥白然，熊阳．国家级新区建设经验对天府新区借鉴和启示［J］．经营管理者，2014（9）：119．⑦吕晓菲，卢小丽．资源型城市绿色增长能力评价研究［J］．科研管理，2016，37（9）：89－97 整理而得．

4.2　影响因素分析模型构建

4.2.1　决策实验室分析（DEMATEL）方法

20 世纪 70 年代决策实验室分析（decision-making trial and evaluation laboratory，DEMATEL）方法由美国学者格布斯和冯特拉（Gabus and Fontela）首次提出，是一种运用图论与矩阵工具筛选复杂系统的主要要素，简化系统结构分析过程的研究方法。[①] 目前，决策实验室分析（DEMATEL）方法已被成功地应用于理论创新、模型开发与实际应用，积累了大量研究成果，为本书研究的开展奠定了良好基础。

传统决策实验室分析（DEMATEL）方法的几个关键定义如下。

定义 1：定义直接关联矩阵 $A = (a_{ij})_{n \times n}$，其中，$a_{ij}$ 为第 i 个影响因素对第 j 个影响因素的影响程度，i，j = 1，2，…，n。

定义 2：定义归一化的直接关联矩阵 B。

$$B = s \times A \qquad \qquad 式（4-1）$$

在式（4-1）中，$s = \dfrac{1}{\max\limits_{1 \leqslant i \leqslant n} \sum\limits_{j}^{n} a_{ij}}$。

定义 3：定义综合关联矩阵 T。

$$T = B(I - B)^{-1} \qquad \qquad 式（4-2）$$

在式（4-2）中，$(I - B)^{-1}$ 为 I - B 的逆，I 为单位矩阵。

定义 4：定义各指标的中心度、原因度。

$$D = (t_{i \cdot})_{n \times 1} = \left(\sum_{j=1}^{n} t_{ij} \right)_{n \times 1} \qquad \qquad 式（4-3）$$

$$R = (t_{\cdot j})_{1 \times n} = \left(\sum_{j=1}^{n} t_{ij} \right)_{1 \times n} \qquad \qquad 式（4-4）$$

$P_i = D_i + R_i$ 为指标 i 的中心度，数值越大，说明此因素的重要性越大；$Q_i = D_i - R_i$ 为因素 i 的关联度，若 $Q_i > 0$，则此因素属于原因因素；若 $Q_i < 0$，则此因素属于结果因素。通过对中心度、原因度的分析，明确了各个因素在系统中的位置，从而揭示了系统的内在构造。

4.2.2　灰数理论（grey theory）

灰数理论（grey theory）由邓（Deng，1982）首次提出，是一种从

---

　　① Tzeng G. H.，Chiang C. H.，Li C. W. Evaluating intertwined effects in e-learning programs：A novel hybrid MCDM model based on factor analysis and DEMATEL［J］. Expert Systems with Applications，2007，32（4）：1028-1044.

灰集合中衍生而来的数学理论。目前，灰数理论已被广泛应用于各个学科领域来解决不确定性决策问题。① 此方法之所以能得到广泛应用，在于其使用了灰色区间数，克服了此前将问题具体化而缺乏柔性的弊端，构建出更具有柔性，更贴近现实的决策模型。本书对于国家级新区绿色增长能力影响因素的分析，需要专家、企业管理者、国家级新区管理人员的打分数值，每个影响因素的分值并不一定是一个确定的数值，因此，通过区间灰数处理来提高数据结果的客观性。

灰数的概念与性质为：

本书所指的灰数均为灰数区间，记为 $\otimes x$，$\otimes x$ 属于 $[\underline{\otimes}x, \overline{\otimes}x]$，其中，$\overline{\otimes}x$ 是灰数 $\otimes x$ 的上限，$\underline{\otimes}x$ 是灰数 $\otimes x$ 的下限。灰数方法的具体步骤，如式（4-5）~式（4-8）所示。

$$\otimes x_1 + \otimes x_2 = [\underline{x_1 + x_2}, \overline{x_1 + x_2}] \qquad 式（4-5）$$

$$\otimes x_1 - \otimes x_2 = [\underline{x_1} - \overline{x_2}, \overline{x_1} - \underline{x_2}] \qquad 式（4-6）$$

$$\otimes x_1 \times \otimes x_2 = [\min(\underline{x_1 x_2}, \underline{x_1} \overline{x_2}, \overline{x_1} \underline{x_2}, \overline{x_1 x_2}),$$
$$\max(\underline{x_1 x_2}, \underline{x_1} \overline{x_2}, \overline{x_1} \underline{x_2}, \overline{x_1 x_2})] \qquad 式（4-7）$$

$$\otimes x_1 \div \otimes x_2 = [\underline{x_1}, \overline{x_1}] \times \left[\frac{1}{\overline{x_2}}, \frac{1}{\underline{x_2}}\right] \qquad 式（4-8）$$

专家在打分时，一般会带有一定模糊性和不确定性，因此，本书将 $\otimes x_{ij}^k$ 定义为专家 k 对于国家级新区绿色增长能力建设影响因素 i 对影响因素 j 的影响评价的分值，其中，$\otimes x_{ij}^k \in [\underline{\otimes}x_{ij}^k, \overline{\otimes}x_{ij}^k]$。由于专家的语义评价变量均为灰数，需将其进行清晰化处理，具体处理过程如下。

（1）将灰数上下限进行标准化处理

$$\underline{\otimes}\tilde{x}_{ij}^k = (\underline{\otimes}x_{ij}^k - \min\underline{\otimes}x_{ij}^k)/\Delta_{min}^{max}$$
$$\overline{\otimes}\tilde{x}_{ij}^k = (\overline{\otimes}x_{ij}^k - \min\overline{\otimes}x_{ij}^k)/\Delta_{min}^{max} \qquad 式（4-9）$$

在式（4-9）中，$\Delta_{min}^{max} = \max\overline{\otimes}x_{ij}^k - \min\underline{\otimes}x_{ij}^k$

① 赵东方，武春友，商华. 国家级新区绿色增长能力提升路径研究 [J]. 当代经济管理，2017，39（12）：16-20.

（2）将标准化灰数进行清晰值处理

$$Y_{ij}^k = \frac{(\underline{\otimes}\tilde{x}_{ij}^k(1 - \underline{\otimes}\tilde{x}_{ij}^k) + (\overline{\otimes}\tilde{x}_{ij}^k \times \underline{\otimes}\tilde{x}_{ij}^{\leftrightarrow k}))}{(1 - \underline{\otimes}\tilde{x}_{ij}^k + \overline{\otimes}\tilde{x}_{ij}^k)} \qquad 式（4 - 10）$$

（3）清晰值计算

$$z_{ij}^k = \min\underline{\otimes}x_{ij}^k + Y_{ij}^k\Delta_{min}^{max} \qquad 式（4 - 11）$$

4. 2. 3　基于灰数—决策实验室分析（Grey—DEMATEL）方法的影响因素分析模型

为了解决现实评价中的模糊性和不确定性，本书将灰数理论（grey theory）和决策实验室分析（DEMATEL）方法相结合，构建出更具柔性的决策模型，使决策结果更接近实际。同时，这两种方法的结合，也有助于解决传统决策实验室分析（DEMATEL）方法在打分时数值过于确定而没有考虑不同国家级新区差异性等问题。

对国家级新区绿色增长能力建设的影响因素进行分析，具体有以下七个步骤。

步骤1：确定影响因素与问卷设计。根据对国家级新区的调研和相关文献研读，把影响国家级新区绿色增长能力建设的因素分为政府、企业、非政府组织（NGO）和公众，具体见表4-1。

步骤2：初始矩阵建立。邀请 k 位从事国家级新区建设的专家两两比较关于矩阵汇总的因素 i 和因素 j，k 位专家评价的语义变量见表4-2，得到相互关系的初始矩阵 C。

由于 k 位专家工作经历、知识背景的差异性，其对国家级新区绿色增长能力建设影响因素的理解会有所差异，即所赋予的权重值不同。参考夏·X. 等（Xia X. et al.）的研究结论，[①] 给出不同专家权重的语义变

---

① Xia X., Govindan K., Zhu Q. Analyzing internal barriers for automotive parts remanufacturers in China using grey-DEMATEL approach [J]. Journal of Cleaner Production, 2015, 87 (1)：811 – 825.

量，见表4－3。

表4－2　　　　　　　　　　专家评价的语义变量

语义变量	灰数
无直接影响	[0, 0]
弱影响	[0, 0.25]
一般影响	[0.25, 0.5]
较强影响	[0.5, 0.75]
巨大影响	[0.75, 1]

资料来源：笔者根据调研数据应用决策实验室分析软件（DEMATEL）计算整理而得。

表4－3　　　　　　　　　　专家权重的语义变量

语义变量	灰数
不重要	[0, 0.3]
稍不重要	[0.3, 0.5]
重要	[0.4, 0.7]
较重要	[0.5, 0.9]
非常重要	[0.7, 1]

资料来源：笔者根据调研数据应用决策实验室分析软件（DEMATEL）计算整理而得。

步骤3：初始矩阵的清晰化处理。对于灰数$\otimes x_{ij}^k = [\underline{\otimes} x_{ij}^k, \overline{\otimes} x_{ij}^k]$，可通过模糊数据转化为清晰分数（converting the fuzzy data into crips scores，CFCS）方法进行清晰化处理。通过式（4－9）～式（4－11）对矩阵C进行清晰化处理，得到矩阵A。

步骤4：通过式（4－1）对清晰化矩阵A进行标准化处理，得到标准化影响矩阵B。

步骤5：基于标准化影响矩阵B，建立综合影响矩阵T。

步骤6：在综合影响矩阵T中，计算各个影响因素的原因度D和中心度R。

步骤 7：根据原因度 D 和中心度 R 进行原因因素分析和结果因素分析。

4.3　影响因素分析

4.3.1　实证结果输出

笔者通过调查问卷、走访等方式调研了我国 10 个国家级新区，在调研时为了使数据更具代表性，根据不同国家级新区的发展阶段和绿色增长能力收集样本数据。本书选取的国家级新区样本来自国内具有代表性的四个国家级新区（上海浦东新区、天津滨海新区、广州南沙新区、大连金普新区）。

这四个国家级新区的发展规模和经济环境均不同，因此，对国家级新区绿色增长能力建设影响因素的理解也不同。借鉴夏·X. 等（Xia X. et al.）① 与王秀艳等②的研究文献，根据专家的工作经历赋予不同的权重，具体见表 4 - 4。

表 4 - 4　　　　　　　　　　　专家权重

序号	国家级新区	专家权重
1	上海浦东新区	[0.7, 1]
2	天津滨海新区	[0.5, 0.9]
3	广州南沙新区	[0.4, 0.7]
4	大连金普新区	[0.4, 0.7]

资料来源：笔者根据调研数据应用决策实验室分析软件（DEMATEL）计算整理而得。

---

① Xia X., Govindan K., Zhu Q. Analyzing internal barriers for automotive parts remanufacturers in China using grey-DEMATEL approach [J]. Journal of Cleaner Production, 2015, 87 (1)：811 - 825.

② 王秀艳，曲英，武春友. 基于 Grey-DEMATEL 电子废弃物回收制约因素研究 [J]. 当代经济管理，2016, 38 (3)：27 - 33.

运用灰数—决策实验室分析（grey-DEMATEL）方法对国家级新区绿色增长能力建设的影响因素进行分析，具体有以下五个步骤。

步骤1：问卷设计与数据收集

根据表4-1，制作国家级新区绿色增长能力建设的影响因素调查问卷，并请以上四个国家级新区的相关人员（具体介绍如下）完成问卷填写，得到四份调查问卷。

专家1（上海浦东新区）：位于上海浦东新区内的上海某公司，副总经理，已有5年以上工作经验，负责开展危险废物收集、储存工作，对下游企业处理处置危险废物工作进行运营监督。

专家2（天津滨海新区）：天津市滨海新区内某工厂，部门经理，负责该厂循环经济模式中的重要环节。

专家3（广州南沙新区）：广东省的广州南沙新区内某公司，部门经理，负责跨境电子商务经销产品的物流工作、仓储工作，为跨境电商企业优化货物进出口报关报检、提升物流配送方案。

专家4（大连金普新区）：大连金普新区管理部门员工，长期从事大连金普新区环保、经济持续发展政策研究。

步骤2：得到初始矩阵

利用决策实验室分析（DEMATEL）方法，分析一个因素对其他因素所有可能的直接影响关系，得到直接影响矩阵Y。根据表4-2，即专家评价的语义变量将直接影响矩阵Y转换成灰数矩阵X，进一步利用式（4-9）~式（4-11）开展四个国家级新区的问卷调查及对样本国家级新区权重进行清晰化处理。

步骤3：计算标准化矩阵

利用式（4-12）计算每个国家级新区的权重矩阵Z。

$$z_{ij} = w_1 z_{ij}^1 + w_2 z_{ij}^2 + \cdots + w_k z_{ij}^k \qquad 式（4-12）$$

在式（4-12）中，$\sum_{i=1}^{k} w_k = 1$，z_{ij} 为权重矩阵中第 i 行第 j 列的因素，k 为专家数量。利用式（4-1）得到标准化矩阵N。

步骤 4：计算综合矩阵

利用式（4-2）得到综合影响矩阵 T。

步骤 5：计算原因度和中心度

利用式（4-3）与式（4-4）得到中心度和原因度，见表4-5。以中心度为横坐标，以原因度为纵坐标，构建笛卡尔坐标系，绘制国家级新区绿色增长能力建设影响因素的原因—结果图，如图4-1所示。

表 4-5　　　　　　　　　　　　影响因素的中心度和原因度

影响因素	原因度 Q_i	中心度 P_i	影响因素	原因度 Q_i	中心度 P_i
C1	0.6878	1.3722	C12	-2.0567	2.7779
C2	0.7000	1.1586	C13	0.3798	0.4881
C3	1.2880	1.3642	C14	0.5541	0.6359
C4	1.2180	1.4481	C15	0.4833	1.0328
C5	1.2561	1.4300	C16	0.6429	0.8085
C6	0.7434	0.7576	C17	1.0075	1.5591
C7	-1.3493	3.1142	C18	1.2718	2.1249
C8	-0.9159	1.7569	C19	0.9782	1.5601
C9	-2.6092	3.8224	C20	0.5506	1.6037
C10	-1.2345	2.4679	C21	-0.7066	1.8779
C11	-2.8974	3.6153	C22	0.0081	1.0011

资料来源：笔者根据调研数据应用决策实验室分析软件（DEMATEL）计算整理而得。

4.3.2　结果分析与讨论

4.3.2.1　原因度分析

1. 影响因素分析

影响因素是驱动国家级新区绿色增长能力建设最根本的动力因素，

其自身不仅能够对绿色增长能力起到显著的驱动作用，同时，还会对其他因素造成影响，是需要重点考虑的因素。根据表4-5可知，影响国家级新区绿色增长能力建设的原因因素从大到小排序为 C3、C18、C5、C4、C17。如图4-1所示，其中，C3法律法规完善性是最重要的原因因素。因此，政府应该制定或完善相应的法律法规，从而为国家级新区绿色增长能力的建设与培育提供政策保障，通过立法的方式规范国家级新区企业的绿色行为。C18消费者绿色消费需求是次要的原因因素，国家级新区及国家级新区企业的绿色增长行为除了需要政府颁布、制定相关法律法规进行规范与推动外，也需要绿色产品需求端——消费者的拉动，消费者绿色消费需求越强烈，越有利于激发企业的绿色实践活动。

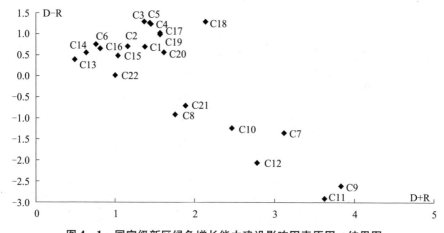

图4-1 国家级新区绿色增长能力建设影响因素原因—结果图

资料来源：笔者根据调研数据应用决策实验室分析（DEMATEL）软件整理绘制而得。

2. 被影响因素分析

被影响因素是驱动国家级新区绿色增长能力建设最直接的动力因素，是影响因素对国家级新区绿色增长实践产生作用的媒介。同时，被影响因素容易受到外界影响而发生改变，因此，是短期内驱动效果最明显的动力因素。由表4-5可知，影响国家级新区绿色增长能力建设的结果因素从大到小排序为 C21、C8、C10、C7、C12。其中，C21当地居民的环境意识是重要的结果因素，造成这一结果的主要原因有 C1 财政投入力度、C4 政府监管执行力、C5 绿色宣传服务力度与 C18 消费者绿色消费需求。因此，政府应加大绿色增长方面的财政投入，进一步加强对国家级新区的绿色执法力度和绿色监管力度，逐步减少非法行为、不规范行为对国家级新区绿色增长的影响；与此同时，政府还应加强绿色宣传力度和绿色服务力度，激发消费者的绿色消费需求与积极性。

4.3.2.2　中心度分析

中心度越大，越能影响国家级新区从事绿色增长能力建设活动；反之，影响国家级新区从事绿色增长能力建设活动的效果越弱，国家级新区则很少予以考虑。由表 4 - 5 可知，对于国家级新区而言，影响国家级新区绿色增长能力最重要的两个因素是 C9 企业绿色管理实践和 C11 企业绿色技术进步与创新能力，最不重要的因素是 C13 加强非政府组织（NGO）与政府的合作、与企业的合作和 C14 非政府组织（NGO）监督政府与企业绿色活动的执行情况。其结果表明，现有国家级新区要想有效地提升其绿色增长能力，最重要的途径：一是加强国家级新区内企业的绿色管理实践活动；二是促进与增强企业的绿色技术进步与创新能力。此外，研究结果还表明，非政府组织（NGO）在中国国家级新区绿色增长能力建设与提升过程中的作用未能充分发挥，政府与企业对非政府组织（NGO）的行为能够改善并促进政府与企业的绿色实践持有怀疑态度，导致非政府组织（NGO）很难发挥作用。因此，在加强企业绿色实践与增强绿色技术创新能力的同时，国家级新区还要关注非政府组织（NGO）这一外在利益相关者的影响，努力加强非政府组织（NGO）与政府的合作、与企业的合作，发挥非政府组织（NGO）在政府与企业绿色增长实践中的监督作用，为国家级新区绿色增长实践活动的顺利开展提供第三方支持与保障。

4.3.2.3　绿色增长能力建设的内在机理分析

结合中心度和原因度的分析结果，我们发现，国家级新区绿色增长能力的建设是内外部因素共同作用的结果。在国家级新区绿色增长能力的建设与形成过程中，最重要的内在因素是国家级新区内企业绿色技术创新能力的持续提升与绿色管理实践活动的积极开展。两个因素间存在相互作用、共同促进的关系。企业绿色技术的大幅进步，必然会促进企业绿色管理实践的开展，从而最终加强国家级新区绿色增长能力的建设。反之，企业绿色管理实践的开展，也将有助于企业绿色技术的引进与创新，进而提升国家级新区的绿色竞争力。

在国家级新区绿色增长能力建设机理中，首要考虑的外在因素是国家相关法律、法规的完善性。绿色相关法律法规的不断完善，将为国家级新区及国家级新区内企业绿色管理实践的开展创造良好的政策环境，并为国家级新区绿色增长能力建设提供政策支持。另一个重要的外在驱动因素是当地居民的环境意识。国家级新区绿色增长能力的建设，除了依靠政府和企业的力量外，还需要社会各界积极参与。其中，当地居民的积极参与，是必不可少且至关重要的。但是目前，当地居民在国家级新区建设过程中的参与程度并不高，究其原因主要有两个：一是国家级新区建设的特殊性，是以政府意志为主导的；二是中国居民的环境意识相对不高，有待于进一步提升。

4.4　本章小结

本章通过总结国内外相关文献与实地调研，梳理出影响国家级新区绿色增长能力建设与提升的主要因素，并设计出有针对性的调研问卷。在发放问卷收集到的调研数据基础上，运用灰数—决策实验室分析（grey-DEMATEL）方法对影响因素进行因果关系分析，识别出影响国家级新区绿色增长能力的原因因素、结果因素与关键因素，从而为如何提升国家级新区绿色增长能力提供科学的决策依据。

首先，影响国家级新区绿色增长能力的原因因素众多，但从重要性来看，法律法规完善性是最重要的原因因素（D－R＞0.5），这也意味着法律法规完善性是影响国家级新区绿色增长能力最根本的动力因素，同时，也是国家级新区绿色增长能力建设内在机理中的外在驱动力之一。因此，要想提升国家级新区绿色增长能力，国家级新区管理部门应通过调研了解政策环境与实际需求，从激励政策和惩罚政策两方面入手，通过合理的政策组合，有效地引导绿色发展法律法规体系的积极完善。与此同时，坚持"有法可依，违法必究"的原则，强化政府监管职能，避免政府监管职能真空或监管职能错位，从而确保法律法规约束力的真正体现。

其次，从影响国家级新区绿色增长能力的结果因素来看，其重要程度从大到小排序为，当地居民的环境意识、企业员工环境意识与学习能力、企业主要竞争者的绿色管理实践、企业高层管理者的文化水平、企业绿色意识与企业绿色文化等。其中，当地居民的环境意识是最重要的结果因素，也是国家级新区绿色增长能力建设内在机理中的外在驱动力之一。这一外在驱动力主要受四个因素影响：政府财政投入力度、政府监管执行力、政府绿色宣传服务力度以及消费者的绿色消费需求。为此，要想推动国家级新区绿色增长能力建设，必须从提升当地居民环境意识入手，从根本上提升居民绿色消费需求，并在一定程度上倒逼企业进行绿色转型升级的意愿强度。而要想实现此目标，可从资金支持保障力度、加强执法监管力度、执法意识培养宣传力度和刺激绿色消费四方面入手，从整体上培育绿色意识氛围，强化国家级新区绿色文化。

最后，从中心度来看，对国家级新区绿色增长能力作用效果最好，影响国家级新区绿色增长能力最为重要的因素为企业绿色管理实践以及企业绿色技术进步与创新能力，同时，这两个因素也是国家级新区绿色增长能力建设内在机理中的内在驱动力。可见，提升国家级新区绿色增长能力的关键是从国家级新区的企业入手，一方面，国家级新区的企业应坚定地实施绿色管理，积极构建绿色管理体系，通过对生产的技术、工艺、设计、包装等进行绿色化改造，实现企业绿色管理实践的规范化与科学性；另一方面，国家级新区的企业应及时了解国内外绿色技术创新及技术扩散的最新发展动态并以突破绿色技术为目标，积极进行关键技术创新、开发研究严重污染工艺的改造，从而不断丰富、增强绿色技术知识储备，确保企业绿色技术创新的主体地位。

第 5 章

国家级新区绿色增长
能力评价分析

    根据第 3 章的国家级新区绿色增长能力形成机理研究与第 4 章国家级新区绿色增长能力影响因素研究，本章从政府支持能力、企业绿色能力、非政府组织（NGO）监督指导、公众参与能力四个方面切入，并考虑可衡量国家级新区绿色增长现状的产出类指标，系统构建国家级新区绿色增长能力评价指标体系。在此基础上，将运用序关系分析法（G1 法）、唯一参照物比较判断法（G2 法）、熵值法以及离差最大化法这四种方法的有效结合，构建国家级新区绿色增长能力评价模型，并对国内典型国家级新区绿色增长能力进行实证评价。通过构建国家级新区绿色增长能力评价指标体系以及评价模型，并对典型的国家级新区进行有效评价，不仅可以科学地掌握国家级新区绿色增长能力的现状，也可以有效地考察国家级新区在绿色增长战略实施过程中所应重点关注的方面，进而为国家级新区的绿色转型提供理论指导。

5.1 评价指标体系构建

5.1.1 构建原则

评价客观事物，需要有一套科学、严谨的评价指标体系，对国家级新区绿色增长能力进行评价同样如此，需要建立经得起推敲和质疑的评价指标体系，这对于制定相关政策与发展规划，促进国家级新区绿色发展具有非常积极的作用。因此，在选取国家级新区绿色增长能力评价指标时，应遵循学界广泛接受的原则，在通常情况下，主要包括以下五种。

（1）科学性原则

以科学为基础，是建立任何一种评价指标体系的关键。因此，在构建国家级新区绿色增长能力评价指标体系时，应该从现实出发，力求客观、真实地反映国家级新区绿色增长的具体情况。一方面，评价指标体系要符合学科要求，涉及经济学、社会学、管理学、统计学等多种类学科；另一方面，概念界定要十分清晰，不能出现似是而非、引起歧义的概念。

（2）逻辑性原则

评价指标应具有极强的逻辑性，用最精练的语言表述出要描述或反映的问题，避免出现前后矛盾、混淆的情况。

（3）可操作性原则

评价指标应具有可获得性特征，因为选择评价指标的最终目的在于计算，这也是最终选择评价指标是否合适的关键。若评价指标具有较低的可操作性，不能如实反映客观状况，那么，该指标是没有意义的。指标体系可操作性低将难以获得评价所需数据，更不能反映真实情况。指标体系所需数据原则上从国家级新区管委会的官方网站获得，且选取的指标经济含义要明确，并应尽量选择有代表性的主要指标。

（4）先进性原则

绿色增长是一个动态的、不断变化的过程，在每个阶段的侧重点与所具有的特征各不相同。因此，国家级新区绿色增长能力评价指标的选取，应及时反映该领域的最新发展情况，不存在滞后性。

（5）系统性原则

绿色增长能力是一个复杂的系统，因此，国家级新区绿色增长能力评价指标体系也属于一个复杂系统，需要涉及多方面内容。这就要求选择的指标要如实反映国家级新区绿色增长能力的多方面属性，而且，不同指标应该反映不同内容，反映出国家级新区绿色增长能力的不同特征、状态。因此，在选择国家级新区绿色增长能力指标时，应具备全面、客观地反映国家级新区绿色增长能力特点的属性。

5.1.2　指标选取与体系构建

弗里曼·R. E（Freeman R. E.）认为，一个组织或者企业的成功依赖于如何管理关键利益相关者之间的相互关系[①]，因此，组织或企业的领导者应重点关注各利益相关者的需求，[②] 即利益相关者理论。同样，国家级新区绿色增长能力作为复杂的系统工程，也会受政府、企业、非政府组织（NGO）以及公众等众多因素的影响。

因此，依据指标体系设计原则，基于利益相关者理论与相关文献研究，结合影响因素的分析结果，从政府、企业、非政府组织（NGO）与公众四大利益相关者视角切入，形成囊括政府支持能力、企业绿色能力、非政府组织（NGO）监督指导、公众参与能力与园区产出效益 5 个层面、包含 17 个二级指标、44 个三级指标的国家级新区绿色增长能力的评价指标体系（见表 5 - 1）。

① Freeman R. E. Strategic management：A stakeholder approach［M］. Boston：Pitman，1984.

② Simonsen C. D. D.，Wenstøp F. How stakeholders view stakeholders as CSR motivators［J］. Social Responsibility Journal，2016，9（1）：137 - 147.

表 5 - 1　　　　　　　　国家级新区绿色增长能力评价指标体系

一级指标	二级指标	三级指标
政府支持能力（GS）	财政投入力度（GS1）	基础设施建设投入（GS11）
		绿色技术研发投入（GS12）
		节能环保投入（GS13）
	财政补贴力度（GS2）	环境保护补贴（GS21）
		科技研发补贴（GS22）
		能源补贴（GS23）
	法律法规完善性（GS3）	税收优惠政策（GS31）
		惩罚政策（GS32）
		排污标准政策（GS33）
	政府监管执行力（GS4）	罚款力度（GS41）
		警告力度（GS42）
		监察力度（GS43）
	绿色宣传服务力度（GS5）	宣传活动频繁度（GS51）
		宣传服务平台的构建（GS52）
企业绿色能力（EG）	企业高层领导者的文化水平与绿色意识（EG1）	研究生及以上学历数量（EG11）
		绿色认知与关注重视程度（EG12）
	企业员工绿色知识学习能力（EG2）	掌握绿色知识丰富度（EG21）
		学习绿色知识速度（EG22）
	企业绿色管理实践（EG3）	采取绿色供应链管理（EG31）
		采取清洁生产、环保生产相关认证（EG32）
		节能减排改造工程（EG33）
	绿色技术进步与创新能力（EG4）	绿色产品数量（EG41）
		绿色技术专利授权数（EG42）
		绿色技术研发投入（EG43）
		绿色技术人才数量（EG44）
非政府组织（NGO）监督指导（NS）	与政府的合作、与企业的合作（NS1）	合作频繁度（NS11）
		合作范围（NS12）
	监督政府与企业绿色活动的执行情况（NS2）	监督活动力度（NS21）
		监督活动的效度（NS22）
	为企业绿色管理活动提供指导、培训与资金支持（NS3）	指导培训力度（NS31）
		资金支持力度（NS32）

一级指标	二级指标	三级指标
公众参与能力（PP）	消费者绿色消费行为（PP1）	消费者绿色消费需求（PP11）
		消费者绿色价值感知（PP12）
		消费者绿色支付能力（PP13）
	当地居民参与国家级新区绿色建设程度（PP2）	对国家级新区绿色建设的关注与监督（PP21）
		参与国家级新区环保公益活动的频次（PP22）
园区产出效益（PO）	经济效益（PO1）	国家级新区企业营业收入总额占地区生产总值的比重（PO11）
		国家级新区税收总额占地区税收总额的比重（PO12）
		国家级新区内绿色产品市场占有率（PO13）
	环境效益（PO2）	污染物实现"近零"排放（PO21）
		实现废物循环回收再利用（PO22）
		单位地区生产总值能源消耗量（PO23）
	社会效益（PO3）	就业人数占当地劳动者比重（PO31）
		国家级新区人均工资水平（PO32）

资料来源：笔者根据调研数据整理而得。

5.2 评价模型构建

本书运用组合赋权法构建国家级新区绿色增长能力评价模型，具体构建步骤如图 5-1 所示。组合赋权法综合运用了序关系分析法（G1法）、唯一参照物比较判断法（G2法）、熵值法、离差最大化法四种权重计算方法对各个层面、各级指标进行组合赋权。运用组合赋权法可以有效地避免单一赋权法在主观评价方法、客观评价方法上存在的不足，确保能够得到更科学、更合理的评价结果。

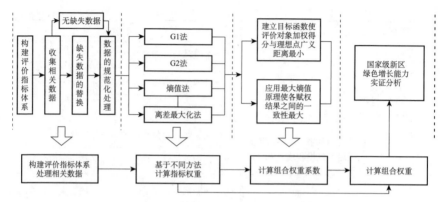

图 5 - 1　基于组合赋权法的评价模型

资料来源：笔者根据本书研究内容整理绘制而得。

5.2.1　原始数据规范化处理

设 x_{ij} 表示第 i 个对象、第 j 个指标规范化处理后的值；v_{ij} 表示第 i 个对象、第 j 个指标规范化处理后的值；n 表示评价对象的数量。考虑到本书所选指标均为正向指标，可以依据正向打分公式进行规范化处理。[1]

$$x_{ij} = \frac{v_{ij} - \min_{1 \leqslant i \leqslant n}(v_{ij})}{\max_{1 \leqslant i \leqslant n}(v_{ij}) - \min_{1 \leqslant i \leqslant n}(v_{ij})} \qquad \text{式 (5 - 1)}$$

5.2.2　单一评价法赋权

（1）序关系分析法（G1 法）计算权重

序关系分析法（G1 法）是较为常用的评价方法之一，适用于主观评价，其基本逻辑是根据专家主观上的打分或排序，说明指标的重要程度。

---

① 李美娟，陈国宏，陈衍泰. 综合评价中指标标准化方法研究 [J]. 中国管理科学，2004，12（s1）：45 - 48.

① 梳理评价指标的排序，即主观上对指标的重要程度从高到低进行判断；

② 对相邻指标 x_i 与 x_{i-1} 的重要性程度 R_i 进行主观赋值；

③ 利用式（5-2），计算第 k 个指标的权重。

$$w_k = 1 / (1 + \sum_{i=2}^{k} \prod R_i) \qquad 式（5-2）$$

④ 由权重 w_k 可得，第 k-1，…，3，2 个指标的权重，如式（5-3）所示。其中，w_{i-1} 表示第 i-1 个指标的权重；R_i 表示专家给出的主观赋值。[①]

$$w_{i-1} = R_i \times w_i \qquad 式（5-3）$$

（2）唯一参照物比较判断法（G2 法）计算权重

与序关系分析法（G1 法）相似，唯一参照物比较判断法（G2 法）也是较为常见的主观评价方法，但与序关系分析法（G1 法）不同的是，需要专家先挑选出最不重要的指标，并依此类推。

① 梳理评价指标的排序，即主观上对指标的重要程度从低到高进行判断；

② 专家确定最不重要的一个指标 x_k；

③ 专家确定其余指标 x_i 与 x_k 的重要性程度，并给出主观赋值；

④ 利用式（5-4）计算第 i 个指标的权重。其中，w_i 表示第 i 个评价指标的权重；D_i 表示专家给出的主观赋值。[②]

$$w_i = D_i / \sum_{i=1}^{k} D_i \qquad 式（5-4）$$

（3）熵值法确定权重

熵值法是一种客观评价方法，主要通过计算同一指标的数值差反映指标的重要程度，数值差越大，指标就越重要。

① 利用式（5-5），计算指标的比重 r_{ij}，其中，x_{ij} 为第 i 个对象、

① 王学军，郭亚军. 基于 G1 法的判断矩阵的一致性分析 [J]. 中国管理科学，2006，15（3）：65-70.

② 王学军，郭亚军，赵礼强. 一种动态组合评价方法及其在供应商选择中的应用 [J]. 管理评论，2005，17（12）：42-45.

第 j 个指标的原始值，i = 1，2，…，n；j = 1，2，…，m；

$$r_{ij} = x_{ij} \Big/ \sum_{i=1}^{n} x_{ij} \qquad 式（5-5）$$

② 利用式（5-6），计算第 j 个评价指标的信息熵 e_j，其中，k = 1/lnn，n 为指标数：

$$e_j = -k \sum_{i=1}^{n} r_{ij} \ln（r_{ij}） \qquad 式（5-6）$$

③ 计算信息熵冗余度：

$$d_j = 1 - e_j \qquad 式（5-7）$$

④ 设 w_j 为第 j 个指标的权重，计算公式如下：

$$w_j = d_j \Big/ \sum_{j=1}^{m} d_j \qquad 式（5-8）①$$

（4）离差最大化法计算权重

离差最大化法也是客观评价方法，主要通过计算第 j 个指标的离差占所有指标总离差的比重反映指标的重要程度，比重越大，指标就越重要。

① 设 s_{ij} 为第 i 个对象、第 j 个指标规范化得到的值，设 w_j 为第 j 个指标的权重。对于指标 j，用 $H_{ij}（w）$ 表示对象 i 与其他所用对象指标值的离差（K = 1，2，…，n），则：

$$H_{ij}（w） = \sum_{j=1}^{m} |s_{ij}w_j - s_{ik}w_j| \qquad 式（5-9）$$

② 计算指标 j，所有对象与其他所用对象的总离差：

$$H_j（w） = \sum_{i=1}^{n} \sum_{k=1}^{n} |s_{ij} - s_{ik}| w_j \qquad 式（5-10）$$

③ 根据离差最大化原理，构造最优化模型：

$$maxH（w） = \sum_{j=1}^{m} \sum_{i=1}^{n} \sum_{k=1}^{n} |s_{ij} - s_{ik}| w_j$$

① 从式（5-5）到式（5-8）都根据郭亚军. 综合评价理论、方法及应用［M］. 北京：科学出版社，2002：44-51.

$$\text{s. t.} \begin{cases} w_j \geq 0 \\ \sum\limits_{j=1}^{m} w_j^2 = 1 \end{cases} \qquad \text{式 (5-11)}$$

④ 计算上述模型并进行归一化处理，得离差法权重：

$$w_j = \frac{\sum\limits_{i=1}^{n} \sum\limits_{k=1}^{n} |s_{ij} - s_{ik}|}{\sum\limits_{j=1}^{m} \sum\limits_{i=1}^{n} \sum\limits_{k=1}^{n} |s_{ij} - s_{ik}|} \qquad \text{式 (5-12)}[1]$$

5.2.3　计算组合权重系数

本书基于以下三种因素计算组合权重系数 a_c。其中，$\sum\limits_{c=1}^{s} a_c = 1 (s = 1,2,3,4)$。

① 确保各评价对象的加权得分与理想点广义距离最小。其中，l_i 为各评价对象加权得分与理想点的广义距离，w_{jc} 为第 c 种赋权方法、第 j 个指标的权重，x_{ij} 为第 i 个对象、第 j 个指标规范化后的值。

$$\min \sum\limits_{i=1}^{n} l_i = \sum\limits_{i=1}^{n} \sum\limits_{j=1}^{m} \sum\limits_{c=1}^{s} a_c w_j^c (1 - x_{ij}) \qquad \text{式 (5-13)}$$

② 引入杰尼斯（Jaynes，1957）最大熵原理体现各赋权结果间的一致性程度，基于各赋权结果差异最小原则，构建目标函数见式（5-14）。其中，$\theta(0 \leq \theta \leq 1)$ 为两个目标之间的平衡系数，参考李柏洲等的研究，[2] 给定 $\theta = 0.5$。

$$\min \theta \sum\limits_{i=1}^{n} \sum\limits_{j=1}^{m} \sum\limits_{c=1}^{s} a_c w_j^c (1 - x_{ij}) + (1 - \theta) \sum\limits_{c=1}^{s} a_c \ln a_c$$

$$\text{s. t.} \sum\limits_{c=1}^{s} a_c = 1, x_c \geq 0 \qquad \text{式 (5-14)}$$

---

① 黄宗盛，胡培，聂佳佳. 基于离差最大化的交叉效率评价方法 [J]. 运筹与管理，2012（6）：177-181，138

② 李柏洲，徐广玉，苏屹. 基于组合赋权模型的区域知识获取能力测度研究——31 个省（区市）视阈的实证分析 [J]. 中国软科学，2013（12）：68-81.

③ 构建拉格朗日函数计算组合系数：

$$a_c = \frac{\exp\{-[1 + \theta\sum_{i=1}^{n}\sum_{j=1}^{m}w_j^c(1 - x_{ij})/(1 - \theta)]\}}{\sum_{c=1}^{s}\exp\{-[1 + \theta\sum_{i=1}^{n}\sum_{j=1}^{m}w_j^c(1 - x_{ij})/(1 - \theta)]\}} \qquad 式（5 - 15）$$

5.2.4　计算组合权重

基于上述公式，本书分别用四种方式计算各指标权重 w_c（$C = 1$，2，3，4），并借此计算组合权重。

$$w = \sum_{c=1}^{s} a_c w_c \qquad\qquad 式（5 - 16）$$

将式（5 - 16）求得的组合权重的转置 w^T 和各指标规范化结果 x_{ij} 相乘，得到各国家级新区绿色增长能力评价得分 S。其中，Q_i（$i = 1$，2，3，…，n）为各个区域的评价得分。

$$S = w^T \times x_{ij} = (Q_1, Q_2, Q_3, \cdots, Q_n) \qquad 式（5 - 17）$$

5.3　研究对象确定及其现状分析

目前，中国国家级新区的数量逐渐增多，已有 19 个，面积共计 2.24 万平方千米。从地区来看，东部地区国家级新区数量最多，达 8 个；西部地区有 6 个；东北地区有 3 个；中部地区有 2 个。

由于河北雄安新区成立时间较晚，只有几年的数据，因此，本书选择上海浦东新区、天津滨海新区、重庆两江新区等 18 个国家级新区为研究对象。在进行国家级新区绿色增长能力测算之前，为了全面、系统地了解国家级新区的发展现状，本书对国家级新区经济、投资、产业、生态环境等方面的相关指标数据进行了统计分析。通过分析，我们发现以下三点。

5.3.1　国家级新区经济增速整体保持高位

根据《国家级新区发展报告（2017）》统计，截至 2016 年底，18
个国家级新区的总人口已达约 2600 万人，地区生产总值约为 3.99 万亿
元，约占全国经济总量的 5.3%。由图 5-2 可知，处于不同发展阶段的
国家级新区呈现出你追我赶、梯次推进的发展格局。一半的国家级新区
的地区生产总值增长率超过 10%。其中，天津滨海新区与上海浦东新区
已进入了全面优化发展阶段。2016 年，天津滨海新区的地区生产总值首
次突破万亿元，同比增长 10.8%，上海浦东新区的地区生产总值已达到
8538 亿元，同比增长 8.1%；重庆两江新区、青岛西海岸新区、浙江舟
山群岛新区、广州南沙新区、湖南湘江新区等国家级新区已进入快速成
长阶段，地区生产总值同比分别增长 10.9%、12.3%、11.3%、13.8%

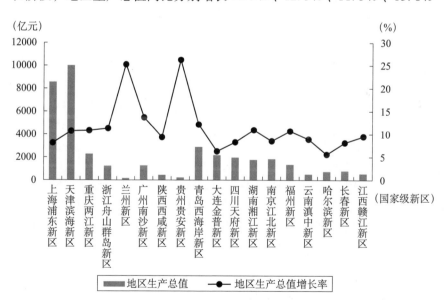

图 5-2　2016 年 18 个国家级新区的地区生产总值及地区生产总值增长率

注：由于河北雄安新区成立时间较晚，只有几年数据，因此，图中只有 18 个国家级新区。

资料来源：《国家级新区发展报告（2017）》。

国家级新区绿色增长能力评价研究

和11.0%，分别高出所在省（市）约0.2%、4.7%、3.8%、6.3%和
3.1%；陕西西咸新区、贵州贵安新区、长春新区、哈尔滨新区、江西
赣江新区、云南滇中新区、兰州新区仍处于起步培育阶段，建设发展有
序推进，呈现出不少亮点，贵州贵安新区、兰州新区的地区生产总值在
18个国家级新区中增速最快，同比分别增长26.2%和25.1%，高出所
在省增速15.7%和17.5%。

由图5－3可以看出，天津滨海新区、上海浦东新区的地区生产总
值在18个国家级新区中占比分别为25.8%、22.0%，均在20.0%以上；
而其他16个国家级新区的地区生产总值占比均低于8.0%，兰州新区与
贵州贵安新区的地区生产总值占比还不到1.0%，仅为0.4%与0.6%。
这一结果说明，天津滨海新区与上海浦东新区这两个国家级新区的经济
发展引擎和改革开放窗口地位已得到了充分发挥，而相比之下其他国家
级新区的经济引擎作用还需进一步增强。

国家级新区	上海浦东新区	天津滨海新区	重庆两江新区	浙江舟山群岛新区	兰州新区	广州南沙新区	陕西西咸新区	贵州贵安新区	青岛西海岸新区	大连金普新区	四川天府新区	湖南湘江新区	南京江北新区	福州新区	云南滇中新区	哈尔滨新区	长春新区	江西赣江新区
地区生产总值占比（%）	22.0	25.8	5.8	3.2	0.4	3.3	1.2	0.6	7.4	5.6	5.1	4.6	4.7	3.5	1.3	1.9	2.1	1.5

图5－3 2016年18个国家级新区地区生产总值占比

资料来源：《国家级新区发展报告（2017）》。

另外，在固定资产投资方面，2016年的数据显示，国家级新区固定

资产投资约占全国固定资产投资的 4.0%。其中，长春新区、云南滇中新区、广州南沙新区、贵州贵安新区等增速分别为 21.5%、32.7%、31% 和 21.9%，均保持在 20.0% 以上。此结果说明，大部分国家级新区对社会投资总体上保持着较强吸引力。但是，个别国家级新区出现了投资增长波动，大连金普新区投资总额出现了较大下滑，增速为 −70.0%，同时，兰州新区、南京江北新区均出现了投资增长乏力的现象，面临困难加大。

5.3.2　国家级新区产业结构不断优化

上海浦东新区的第三产业发展迅速，2016 年，其第三产业增加值增长约 12.0%，对经济发展的推动作用日益明显，远远大于第二产业。同时，上海浦东新区的电子信息、汽车和成套设备制造业等产业达到千亿级规模。青岛西海岸新区第三产业对经济发展的贡献率达到 66.0%，是第二产业的 1.7 倍；青岛西海岸新区实现海洋生产总值 820 亿元，同比增长 15.0%，占地区生产总值的比重达到 29.0%。重庆两江新区第三产业占其地区生产总值的比重为 53.9%，高出第二产业约 8.0%，连续两年对经济增长的贡献超过第二产业；重庆两江新区十大战略性新兴制造业产值实现 994 亿元，同比增长 19.6%，约占规模以上工业总产值的 32.0%；四川天府新区第三产业贡献率为 51.6%，拉动地区经济增长 4.3%，贡献率与拉动作用比第二产业分别高出 3.5% 和 0.3%；四川天府新区初步形成现代物流、科技和信息服务、商务会展、金融等高端服务业集群，规模以上服务业企业达 310 家，增加值达 700 亿元，增长率为 12.0%。

5.3.3　绿色发展建设得到有效推进

各个国家级新区高度重视环境保护及资源的科学运用，致力于推动绿色低碳发展，将绿色发展作为实现高质量发展的重要渠道，积极开展生态环境综合整治工作，国家级新区的生态文明建设得到了有效推进。近年来，贵州贵安新区高度重视环境保护投入，启动辖区内88个可绿化山头共2.16万亩，投入26亿元打造212千米城市道路绿廊，完成绿化4.2万亩，森林覆盖率提升6.0%；停产或关闭48家位于饮用水源二级保护区的排污企业，完成农村"煤改气"工程1.4万户，率先在贵州省全面淘汰燃煤锅炉。① 湖南湘江新区绿色建筑示范推广项目工程在全国形成示范效应，核心区新建绿色建筑覆盖率达95.0%，绿色建筑累计面积达426万余平方米，约占长沙市绿色建筑面积的54.0%、湖南省绿色建筑面积的1/3。青岛西海岸新区创新推行了"绿强度"规划指标体系，加强生态廊道建设，绿色覆盖率达到50.0%。

面对复杂、严峻的宏观环境，各国家级新区积极承担国家赋予的重要使命，所取得的成绩实属不易，但一些国家级新区在实现快速发展过程中仍存在一些问题，需要在未来建设发展中进一步下大力气予以解决。

第一，各国家级新区发展水平参差不齐，部分国家级新区发展势头不强。由于设立时间、基础条件等存在差异，各国家级新区发展水平也存在较大差异。上海浦东新区、天津滨海新区、重庆两江新区等在经济转型、产业升级、创新引领、社会建设等诸多方面都处于全国领先水平，较好地发挥了示范带动作用。但个别国家级新区因区位不同、基础条件有限、建设发展时间不长等原因，目前发展面临较多问题；部分国家级新区产业结构不均衡、缺乏高新技术产品自主研发能力及转化能力、创新能力有待进一步挖掘。

第二，管理体制尚不健全，改革探索能力有待加强。国家级新区的最大优势在于"先行先试"带来的改革红利，然而，有些国家级新区在"先行先试"方面探索尚有不足，管理体制、产业体系、科技创新、社会管理等方面的改革红利还需要进一步发挥，内在制度创新能力不强。特别是在行政管理体制方面，国家级新区的管理体制大致经历"领导小

---

① 《国家级新区发展报告（2017）》。

组（开发办公室）—管委会（政管合一）"阶段，条件成熟的进而形成一级地方政府管理部门。而一些国家级新区与原有行政区域之间还存在一定交叉。

第三，核心竞争力不强，发展动能转换方面存在欠缺。国家在东部地区、中部地区、西部地区和东北地区分别布局国家级新区，旨在探索与区域发展阶段和发展水平相适应的科学发展路径，取得了积极成效，但也有个别国家级新区仍未突破传统思维，自身的功能特色不明显。同时，有的国家级新区产业发展以传统产业为主，而这些传统产业新旧动能转换周期长、见效慢，使得发展动能不足，影响了新旧动能转换的效率。

5.4　国家级新区绿色增长能力测算

本书以上海浦东新区、天津滨海新区、重庆两江新区、浙江舟山群岛新区、兰州新区、广州南沙新区、陕西西咸新区、贵州贵安新区、青岛西海岸新区、大连金普新区、四川天府新区、湖南湘江新区、南京江北新区、福州新区、云南滇中新区、哈尔滨新区、长春新区、江西赣江新区为研究对象，以 2015 ~ 2017 年为研究时间，通过查阅《国家级新区发展报告》及实地访谈获取相关指标的原始数据，见表 5 - 2。

对于难以直接获取客观数据的指标，如政府监管执行力度、绿色宣传服务力度、消费者绿色消费行为等系列指标，通过借助七个语句表示七种不同的状态，即表示"非常低""低""偏低""中等""偏高""高"以及"非常高"，并通过三角模糊处理法计算出指标得分，其主要步骤在确定某个国家级新区不可量化的指标得分时，需要综合多位专家的意见进行分析。若专家的位数为 q，第 k 个专家给出的指标 X_i 处于状态 j 的概率可转化为三角模糊数 $\widetilde{P}_{ij}^k = (A_{ij}^k, C_{ij}^k, B_{ij}^k)(k = 1, 2, \cdots, q)$。为整合多位专家的评判结果，采用算术平均法进行处理，即 $\widetilde{P}_{ij}' = \dfrac{(\widetilde{P}_{ij}^1 \oplus \widetilde{P}_{ij}^2 \oplus \cdots \oplus \widetilde{P}_{ij}^q)}{q} =$

$(A'_{ij}, C'_{ij}, B'_{ij})$。之后，利用均值面积法对指标得分进行解模糊处理，即指标 X_i 处于 j 状态的得分为：$P'_{ij} = \dfrac{A'_{ij} + 2C'_{ij} + B'_{ij}}{4}$。最后，运用归一化处理，得到指标 X_i 处于 j 状态的精确得分为：$P_{ij} = \dfrac{P'_{ij}}{\sum P'_{ij}}$。

表 5－2   指标数据获取来源

二级指标	三级指标	数据来源
与政府的合作、与企业的合作（NS1）	合作频繁度（NS11）	三角模糊处理
	合作范围（NS12）	三角模糊处理
监督政府与企业绿色活动的执行情况（NS2）	监督活动力度（NS21）	三角模糊处理
	监督活动效度（NS22）	三角模糊处理
为企业绿色管理活动提供指导、培训与资金支持（NS3）	指导培训力度（NS31）	三角模糊处理
	资金支持力度（NS32）	三角模糊处理
消费者绿色消费行为（PP1）	消费者绿色消费需求（PP11）	三角模糊处理
	消费者绿色价值感知（PP12）	三角模糊处理
	消费者绿色支付能力（PP13）	三角模糊处理
当地居民参与国家级新区绿色建设程度（PP2）	对国家级新区绿色建设的关注与监督（PP21）	三角模糊处理
	参与国家级新区环保公益活动的频次（PP22）	三角模糊处理
经济效益（PO1）	国家级新区的地区生产总值（PO11）	国家级新区发展报告
	一般公共预算收入（PO12）	国家级新区发展报告
	国家级新区绿色产品市场占有率（PO13）	实地访谈
环境效益（PO2）	污染物实现"近零"排放（PO21）	三角模糊处理
	实现废物循环回收再利用（PO22）	三角模糊处理
	单位地区生产总值能源消耗量（PO23）	实地访谈
社会效益（PO3）	就业人数占当地劳动者比重（PO31）	实地访谈
	国家级新区人均工资水平（PO32）	实地访谈

资料来源：笔者根据调研数据整理而得。

在获得相关指标的原始数据后，本书对各指标进行规范化处理，求

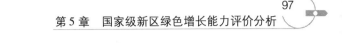

出式（5 - 1）中的 x_{ij}，其中，（i = 1，2，…，4；j = 1，2，…，44）。本书以 2017 年的数据进行举例说明，具体计算过程及结果如下。

5.4.1　序关系分析法（G1 法）计算权重

（1）依据专家意见，对政府支持能力（GS）、企业绿色能力（EG）、非政府组织（NGO）监督指导（NS）、公众参与能力（PP）、园区产出效益（PO）的相对重要性进行排序，即 EG > PO > GS > PP > NS；

（2）比较相邻子能力的重要性程度，并进行赋值。如 R_5 = EG/PO = 1.2，R_4 = PO/GS = 1.4，R_3 = GS/PP = 1.1，R_2 = PP/NS = 1.2；

（3）将 R_i 等值代入式（5 - 2）、式（5 - 3），从而得到政府支持能力（GS）、企业绿色能力（EG）、非政府组织（NGO）监督指导（NS）、公众参与能力（PP）、园区产出效益（PO）的序关系分析法（G1 法）权重；同理，通过指标层相邻指标的重要性程度之比，同样可得指标层序关系分析法（G1 法）的权重，见表 5 - 3。

5.4.2　唯一参照物比较判断法（G2 法）计算权重

（1）由专家确定最不重要的子能力因素 U5；

（2）根据专家意见，对其余因素与 T3 的重要性程度之比进行赋值，如 D_1 = U_1/U_5 = 1.7，D_2 = U_2/U_5 = 1.5，D_3 = U_3/U_5 = 1.4，D_4 = U_4/U_5 = 1.3，D_5 = U_5/U_5 = 1；

（3）将 D_i 代入式（5 - 4），从而得到 D_1，D_2，D_3，D_4，D_5 的唯一参照物比较判断法（G2 法）的权重。同理，通过指标层相邻指标的重要性程度之比，同样可得指标层唯一参照物比较判断法（G2 法）的权重，见表 5 - 3。

5.4.3　熵值法计算权重

（1）将规范化的数据代入式（5 - 5）中，得到指标权重；

（2）将指标权重依次代入式（5－6）和式（5－7）中，得出指标层各指标权重，见表5－3。

5.4.4　离差法计算权重

将规范化的数据代入式（5－12）中，得到指标层各指标的权重，见表5－3。

表5－3　　　　　　　　评价指标权重（2017年）

指标	G1	G2	熵值法	离差最大化法	指标	G1	G2	熵值法	离差最大化法
GS11	0.0378	0.039	0.018	0.0222	EG33	0.019	0.0327	0.0269	0.0219
GS12	0.0378	0.0355	0.0269	0.0219	EG41	0.023	0.0347	0.0238	0.0222
GS13	0.034	0.0338	0.0243	0.0247	EG42	0.023	0.0347	0.0238	0.0222
GS21	0.0228	0.0287	0.0207	0.0228	EG43	0.023	0.0382	0.0207	0.0228
GS22	0.0209	0.0273	0.0228	0.0239	EG44	0.0354	0.0206	0.0217	0.0233
GS23	0.0198	0.0184	0.0334	0.0222	NS11	0.0169	0.0171	0.02	0.0213
GS31	0.0203	0.0161	0.0322	0.0226	NS12	0.0169	0.0132	0.0203	0.0232
GS32	0.0116	0.0152	0.0394	0.0251	NS21	0.018	0.017	0.0227	0.0231
GS33	0.0244	0.0238	0.018	0.0222	NS22	0.0184	0.0146	0.0223	0.0247
GS41	0.0253	0.0254	0.0187	0.0221	NS31	0.015	0.0146	0.0254	0.0223
GS42	0.033	0.018	0.018	0.0222	NS32	0.0124	0.0133	0.0273	0.0232
GS43	0.0276	0.0205	0.0207	0.0228	PP11	0.0254	0.0233	0.0163	0.022
GS51	0.0157	0.0107	0.0207	0.0228	PP12	0.0209	0.0248	0.0171	0.0219
GS52	0.0128	0.0165	0.0226	0.0216	PP13	0.0223	0.0205	0.0187	0.0229
EG11	0.029	0.019	0.0206	0.024	PP21	0.0244	0.0216	0.0164	0.0205
EG12	0.019	0.0298	0.0207	0.0228	PP22	0.0211	0.0159	0.0215	0.023
EG21	0.0128	0.0138	0.0212	0.022	PO11	0.0239	0.0237	0.0232	0.0252
EG22	0.0163	0.0131	0.018	0.0216	PO12	0.0228	0.0287	0.0207	0.0228
EG31	0.0286	0.026	0.0238	0.0222	PO13	0.0251	0.0328	0.0171	0.0219
EG32	0.0226	0.0258	0.027	0.0228	PO21	0.034	0.0372	0.0184	0.0223

指标	G1	G2	熵值法	离差最大化法	指标	G1	G2	熵值法	离差最大化法
PO22	0.0273	0.0284	0.0284	0.0241	PO31	0.0136	0.0146	0.02	0.0210
PO23	0.0373	0.0284	0.0171	0.0219	PO32	0.0121	0.0118	0.0206	0.0233

资料来源：笔者根据调研数据计算整理而得。

5.4.5　计算组合权重

将表 5 – 3 中的序关系分析法（G1 法）、唯一参照物比较判断法（G2 法）、熵值法、离差最大化法等评价方法的权重代入式（5 – 15）中，得到组合权重系数 a_c。将该组合权重系数代入式（5 – 16）中，可求得各指标的组合权重，见表 5 – 4。

表 5 – 4　　　　　　　　评价指标组合权重（2017 年）

指标	组合权重	指标	组合权重	指标	组合权重	指标	组合权重
GS11	0.0295	GS43	0.023	EG42	0.026	PP13	0.0211
GS12	0.0306	GS51	0.0174	EG43	0.0263	PP21	0.0208
GS13	0.0293	GS52	0.0183	EG44	0.0254	PP22	0.0204
GS21	0.0238	EG11	0.0232	NS11	0.0188	PO11	0.024
GS22	0.0237	EG12	0.0231	NS12	0.0184	PO12	0.0238
GS23	0.0232	EG21	0.0174	NS21	0.0201	PO13	0.0243
GS31	0.0226	EG22	0.0172	NS22	0.02	PO21	0.0282
GS32	0.0225	EG31	0.0252	NS31	0.0192	PO22	0.0271
GS33	0.0222	EG32	0.0245	NS32	0.0188	PO23	0.0264
GS41	0.023	EG33	0.0251	PP11	0.0219	PO31	0.0172
GS42	0.0229	EG41	0.026	PP12	0.0212	PO32	0.0168

资料来源：笔者根据调研数据计算整理而得。

通过表 5 – 4、表 5 – 5 可计算出政府支持能力（GS）、企业绿色能力（EG）、非政府组织（NGO）监督指导（NS）、公众参与能力（PP）、园区产出效益（PO）的均值分别为 0.332、0.2594、0.1153、0.1054、

0.1878。可见，目前，政府支持能力对国家级新区绿色增长能力的影响最大，之后是企业绿色能力、园区产出效益、非政府组织（NGO）监督指导、公众参与能力。

表5–5　　　国家级新区绿色增长能力一级指标权重和国家级
新区绿色增长能力二级指标权重（2017年）

一级指标	权重	二级指标	权重
政府支持能力（GS）	0.332	财政投入力度（GS1）	0.0894
		财政补贴力度（GS2）	0.0707
		法律法规完善性（GS3）	0.0673
		政府监管执行力（GS4）	0.0689
		绿色宣传服务力度（GS5）	0.0357
企业绿色能力（EG）	0.2594	企业高层领导者的文化水平与绿色意识（EG1）	0.0463
		企业员工绿色知识学习能力（EG2）	0.0346
		企业绿色管理实践（EG3）	0.0748
		企业绿色技术进步与创新能力（EG4）	0.1037
非政府组织（NGO）监督指导（NS）	0.1153	非政府组织（NGO）与政府的合作、与企业的合作（NS1）	0.0372
		非政府组织（NGO）监督政府与企业绿色活动的执行情况（NS2）	0.0401
		非政府组织（NGO）为企业绿色管理活动提供指导、培训与资金支持（NS3）	0.038
公众参与能力（PP）	0.1054	消费者绿色消费行为（PP1）	0.0642
		当地居民参与国家级新区绿色建设程度（PP2）	0.0412
园区产出效益（PO）	0.1878	经济效益（PO1）	0.0721
		环境效益（PO2）	0.0817
		社会效益（PO3）	0.0304

资料来源：笔者根据调研数据计算整理而得。

5.4.6　综合评价分析

将各指标的规范化数据和各年度组合权重系数代入式（5–17）中，可得各年度评价对象总得分和各准则层得分，见表5–6、表5–7与表5–8。

表 5 - 6　　　　　　　　　国家级新区绿色增长能力评价结果

国家级新区名称	2015 年	2016 年	2017 年	均值	排名
上海浦东新区	0.6623	0.7523	0.7876	0.7341	2
天津滨海新区	0.7181	0.7764	0.8435	0.7793	1
重庆两江新区	0.4494	0.5311	0.5748	0.5184	4
浙江舟山群岛新区	0.2214	0.3315	0.3468	0.2999	12
兰州新区	0.1311	0.2012	0.2290	0.1871	15
广州南沙新区	0.2664	0.3639	0.3918	0.3407	10
陕西西咸新区	0.1300	0.1923	0.2202	0.1808	17
贵州贵安新区	0.0895	0.1716	0.2148	0.1586	18
青岛西海岸新区	0.5407	0.6981	0.6661	0.6350	3
大连金普新区	0.3708	0.4682	0.4961	0.4450	7
四川天府新区	0.3804	0.4779	0.5057	0.4547	5
湖南湘江新区	0.2942	0.3917	0.4196	0.3685	9
南京江北新区	0.3664	0.4290	0.4743	0.4232	8
福州新区	0.3748	0.4723	0.5001	0.4491	6
云南滇中新区	0.1094	0.2069	0.2348	0.1837	16
哈尔滨新区	0.1853	0.2670	0.2949	0.2491	13
长春新区	0.2445	0.3341	0.3698	0.3161	11
江西赣江新区	0.1617	0.2592	0.2871	0.2360	14
均值	0.3165	0.4069	0.4365	—	

注：由于河北雄安新区成立时间较晚，只有几年数据，因此，表中只有 18 个国家级新区。
资料来源：笔者根据调研数据计算整理而得。

首先，从综合得分来看（见表 5 - 6），从各个国家级新区 2015 ~ 2017 年的三年均值来看，现有研究对象的绿色增长能力可以分为三大梯队：国家级新区绿色增长能力第一梯队的均值得分在 0.6000 以上，分别为天津滨海新区 0.7793、上海浦东新区 0.7341、青岛西海岸新区 0.6350；国家级新区绿色增长能力第二梯队的均值在 0.3000 ~ 0.6000 区间，分别是重庆两江新区、四川天府新区、福州新区、大连金普新区、南京江北新区、湖南湘江新区、广州南沙新区、长春新区，得分分别为 0.5184、0.4547、0.4491、0.4450、0.4232、0.3685、0.3407、0.3161；

国家级新区绿色增长能力第三梯队的均值在 0.3000 以下，分别是浙江舟山群岛新区、哈尔滨新区、江西赣江新区、兰州新区、云南滇中新区、陕西西咸新区、贵州贵安新区，得分分别为 0.2999、0.2491、0.2360、0.1871、0.1837、0.1808、0.1586。从时间跨度上看，各个国家级新区的绿色增长能力除个别国家级新区外正逐渐提升，表明各个国家级新区对绿色增长能力的重视程度逐步提升，而且，在排名顺序上并没有出现大的变动。

其次，从国家级新区绿色增长能力各一级指标评价结果来看（见表 5-7、图 5-4），在政府支持能力（GS）项中，评分结果由高到低依次为天津滨海新区（0.2702）、上海浦东新区（0.2590）、青岛西海岸新区（0.2238）、重庆两江新区（0.1854）、大连金普新区（0.1660）、四川天府新区（0.1620）、湖南湘江新区（0.1539）、福州新区（0.1435）、南京江北新区（0.1359）、浙江舟山群岛新区（0.1281）、江西赣江新区（0.1215）、广州南沙新区（0.1113）、兰州新区（0.1084）、长春新区（0.1036）、贵州贵安新区（0.0958）、云南滇中新区（0.0918）、陕西西咸新区（0.0907）、哈尔滨新区（0.0890）。可见，在第一梯队中，天津滨海新区、上海浦东新区、青岛西海岸新区在政府支持能力（GS）项得分均超过 0.2000，由于该指标所占权重较大，这也是导致这三个国家级新区进入国家级新区绿色增长能力第一梯队的关键因素，充分表明近年来，当地政府或国家级新区管委会针对国家级新区绿色增长能力培育方面加大了财政投入力度以及财政补贴力度。而其他国家级新区在这一指标上差距较大，其中，贵州贵安新区、云南滇中新区、陕西西咸新区、哈尔滨新区在该指标得分上低于 0.1000，导致其国家级新区绿色增长能力得分偏低。

表 5-7   各国家级新区绿色增长能力一级指标评价结果（三年均值）

国家级新区名称	政府支持能力（GS）	企业绿色能力（EG）	非政府组织（NGO）监督指导（NS）	公众参与能力（PP）	园区产出效益（PO）
上海浦东新区	0.2590	0.2394	0.0912	0.0622	0.1634

续表

国家级新区名称	政府支持能力（GS）	企业绿色能力（EG）	非政府组织（NGO）监督指导（NS）	公众参与能力（PP）	园区产出效益（PO）
天津滨海新区	0.2702	0.2118	0.1004	0.0765	0.1569
重庆两江新区	0.1854	0.1796	0.0753	0.0619	0.0725
浙江舟山群岛新区	0.1281	0.0717	0.0366	0.0321	0.0784
兰州新区	0.1084	0.0441	0.0070	0.0286	0.0409
广州南沙新区	0.1113	0.1024	0.0462	0.0479	0.0840
陕西西咸新区	0.0907	0.0357	0.0365	0.0277	0.0296
贵州贵安新区	0.0958	0.0429	0.0254	0.0250	0.0258
青岛西海岸新区	0.2238	0.1768	0.0863	0.0676	0.1115
大连金普新区	0.1660	0.1312	0.0647	0.0505	0.0837
四川天府新区	0.1620	0.1435	0.0592	0.0725	0.0686
湖南湘江新区	0.1539	0.1112	0.0673	0.0489	0.0383
南京江北新区	0.1359	0.1545	0.0458	0.0638	0.0743
福州新区	0.1435	0.1815	0.0743	0.0470	0.0537
云南滇中新区	0.0918	0.0677	0.0510	0.0078	0.0164
哈尔滨新区	0.0890	0.0731	0.0276	0.0381	0.0672
长春新区	0.1036	0.0605	0.0725	0.0562	0.0769
江西赣江新区	0.1215	0.0629	0.0220	0.0187	0.0620

资料来源：笔者根据调研数据整理计算而得。

从表 5－7 可知，在企业绿色能力指标中，评分结果由高到低依次为上海浦东新区（0.2394）、天津滨海新区（0.2118）、福州新区（0.1815）、重庆两江新区（0.1796）、青岛西海岸新区（0.1768）、南京江北新区（0.1545）、四川天府新区（0.1435）、大连金普新区（0.1312）、湖南湘江新区（0.1112）、广州南沙新区（0.1024）、哈尔滨新区（0.0731）、浙江舟山群岛新区（0.0717）、云南滇中新区（0.0677）、江西赣江新区（0.0629）、长春新区（0.0605）、兰州新区

（0.0441）、贵州贵安新区（0.0429）、陕西西咸新区（0.0357）。由于企业绿色能力指标的权重仅次于政府支持能力，因此，上海浦东新区、天津滨海新区的企业绿色能力指标得分较高，也决定了其能够进入国家级新区绿色增长能力第一梯队。此外，尽管青岛西海岸新区的企业绿色能力指标得分比福州新区、重庆两江新区较低，但表5－7中的其他指标得分相对较高，导致其能够进入国家级新区绿色增长能力第一梯队。同时，这也意味着，青岛西海岸新区在企业绿色能力指标方面，还有较大的改进空间。

从园区产出效益指标来看，评分结果由高到低依次为上海浦东新区（0.1634）、天津滨海新区（0.1569）、青岛西海岸新区（0.1115）、广州南沙新区（0.0840）、大连金普新区（0.0837）、浙江舟山群岛新区（0.0784）、南京江北新区（0.0743）、重庆两江新区（0.0725）、长春新区（0.0769）、四川天府新区（0.0686）、哈尔滨新区（0.0672）、江西赣江新区（0.0620）、福州新区（0.0537）、兰州新区（0.0409）、湖南湘江新区（0.0383）、陕西西咸新区（0.0296）、贵州贵安新区（0.0258）、云南滇中新区（0.0164）。

在非政府组织（NGO）监督指导指标中，评分结果由高到低依次为天津滨海新区（0.1004）、上海浦东新区（0.0912）、青岛西海岸新区（0.0863）、重庆两江新区（0.0753）、福州新区（0.0743）、长春新区（0.0725）、湖南湘江新区（0.0673）、大连金普新区（0.0647）、四川天府新区（0.0592）、云南滇中新区（0.0510）、广州南沙新区（0.0462）、南京江北新区（0.0458）、浙江舟山群岛新区（0.0366）、陕西西咸新区（0.0365）、哈尔滨新区（0.0276）、贵州贵安新区（0.0254）、江西赣江新区（0.0220）、兰州新区（0.0070）。

在公众参与能力指标中，评分结果由高到低依次为，天津滨海新区（0.0765）、四川天府新区（0.0725）、青岛西海岸新区（0.0676）、南京江北新区（0.0638）、上海浦东新区（0.0622）、重庆两江新区（0.0619）、长春新区（0.0562）、大连金普新区（0.0505）、湖南湘江新区（0.0489）、广州南沙新区（0.0479）、福州新区（0.0470）、哈尔

滨新区（0.0381）、浙江舟山群岛新区（0.0321）、兰州新区
（0.0286）、陕西西咸新区（0.0277）、贵州贵安新区（0.0250）、江西
赣江新区（0.0187）、云南滇中新区（0.0078）。由此可见，在这一项
中，各个国家级新区尽管有所差异，但整体而言情况都不容乐观，得分
均低于0.0800，因此，各个国家级新区未来的公众参与能力都有待
提高。

此外，通过图5-4可以看出，各国家级新区在政府支持能力、企
业绿色能力以及园区产出效益上存在较大差异，而在非政府组织
（NGO）监督指导和公众参与能力上差距却不是很明显。此结果表明，
造成各个国家级新区绿色增长能力差异变化的关键主体是政府与企业，
这很好地解释了国家级新区是政府主导下的战略产物，同时，还说明国
家级新区内企业的绿色创新能力以及所产生的社会效益、经济效益是衡
量各国家级新区绿色增长能力的重要标准。

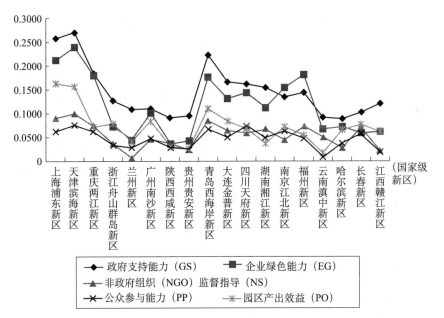

图5-4　各国家级新区绿色增长能力各一级指标得分

注：由于河北雄安新区成立时间较晚，只有几年时间，因此，只有18个国家级新区。

资料来源：笔者根据调研数据计算整理绘制而得。

5.5　本章小结

通过对相关文献的有效梳理，结合各国家级新区的发展现状，立足科学性、逻辑性、可操作性、先进性与系统性的原则，从政府支持能力、企业绿色能力、非政府组织（NGO）监督指导、公众参与能力、园区产出效益五个方面构建国家级新区绿色增长能力评价指标体系，并采用综合序关系分析法（G1 法）、唯一参照物比较判断法（G2 法）、熵值法以及离差最大化法的最优组合赋权法，以 2015～2017 年为研究时间，实证测度了 18 个国家级新区（除河北雄安新区外）的绿色增长能力。研究发现以下三点。

（1）从指标权重来看，政府支持能力对国家级新区绿色增长能力影响最大，之后是企业绿色能力、园区产出效益、非政府组织（NGO）监督指导、公众参与能力。

（2）各国家级新区绿色增长能力可划分为三个梯队：国家级新区绿色增长能力第一梯队为天津滨海新区、上海浦东新区、青岛西海岸新区，综合得分在 0.6000 以上；国家级新区绿色增长能力第二梯队是重庆两江新区、四川天府新区、福州新区、大连金普新区、南京江北新区、湖南湘江新区、广州南沙新区、长春新区，得分在 0.3000～0.6000 区间；国家级新区绿色增长能力第三梯队的均值在 0.3000 以下，是浙江舟山群岛新区、哈尔滨新区、江西赣江新区、兰州新区、云南滇中新区、陕西西咸新区、贵州贵安新区。

（3）从时间跨度上看，各个国家级新区（除个别国家级新区外）的绿色增长能力正逐渐提升，表明各个国家级新区对绿色增长能力的重视程度逐步提升，而且，在排名顺序上并没有出现大的变动。

表5-8　　国家级新区绿色增长能力二级指标评价结果（三年均值）

国家级新区名称	GS1	GS2	GS3	GS4	GS5	EG1	EG2	EG3	EG4
上海浦东新区	0.0565	0.0707	0.0362	0.0599	0.0357	0.0463	0.0217	0.0631	0.0807
天津滨海新区	0.0894	0.0444	0.0443	0.0585	0.0336	0.0402	0.0252	0.0703	0.1037
重庆两江新区	0.0389	0.0422	0.0528	0.0284	0.0232	0.0330	0.0189	0.0592	0.0686
浙江舟山群岛新区	0.0267	0.0024	0.0389	0.0371	0.0229	0.0115	0.0037	0.0268	0.0297
兰州新区	0.0110	0.0065	0.0482	0.0279	0.0148	0.0115	0.0064	0.0123	0.0139
广州南沙新区	0.0232	0.0062	0.0386	0.0390	0.0043	0.0176	0.0094	0.0302	0.0453
陕西西咸新区	0.0032	0.0178	0.0326	0.0192	0.0178	0.0115	0.0092	0.0022	0.0128
贵州贵安新区	0.0095	0.0135	0.0460	0.0219	0.0047	0.0148	0.0041	0.0112	0.0129
青岛西海岸新区	0.0498	0.0523	0.0487	0.0436	0.0295	0.0258	0.0254	0.0480	0.0775
大连金普新区	0.0321	0.0217	0.0438	0.0438	0.0246	0.0388	0.0196	0.0324	0.0405
四川天府新区	0.0280	0.0363	0.0456	0.0339	0.0182	0.0363	0.0167	0.0391	0.0515
湖南湘江新区	0.0279	0.0346	0.0276	0.0401	0.0236	0.0230	0.0195	0.0291	0.0396
南京江北新区	0.0296	0.0340	0.0214	0.0391	0.0118	0.0345	0.0204	0.0458	0.0539
福州新区	0.0339	0.0440	0.0254	0.0268	0.0135	0.0359	0.0231	0.0497	0.0729
云南滇中新区	0.0101	0.0152	0.0329	0.0208	0.0128	0.0187	0.0104	0.0095	0.0292
哈尔滨新区	0.0238	0.0201	0.0087	0.0364	0.0000	0.0047	0.0087	0.0268	0.0330
长春新区	0.0269	0.0180	0.0074	0.0425	0.0088	0.0000	0.0067	0.0179	0.0360
江西赣江新区	0.0204	0.0203	0.0223	0.0375	0.0210	0.0115	0.0070	0.0050	0.0393

国家级新区名称	NS1	NS2	NS3	PP1	PP2	PO1	PO2	PO3
上海浦东新区	0.0266	0.0309	0.0337	0.0377	0.0245	0.0618	0.0817	0.0199
天津滨海新区	0.0223	0.0401	0.0380	0.0565	0.0201	0.0614	0.0719	0.0236
重庆两江新区	0.0181	0.0298	0.0274	0.0463	0.0156	0.0101	0.0357	0.0267
浙江舟山群岛新区	0.0117	0.0103	0.0146	0.0143	0.0178	0.0128	0.0573	0.0082
兰州新区	0.0011	0.0000	0.0059	0.0197	0.0089	0.0034	0.0272	0.0102
广州南沙新区	0.0308	0.0034	0.0120	0.0300	0.0178	0.0145	0.0497	0.0198
陕西西咸新区	0.0096	0.0206	0.0063	0.0156	0.0122	0.0041	0.0212	0.0044
贵州贵安新区	0.0159	0.0057	0.0037	0.0061	0.0188	0.0022	0.0177	0.0060
青岛西海岸新区	0.0191	0.0367	0.0305	0.0509	0.0167	0.0236	0.0651	0.0228
大连金普新区	0.0319	0.0126	0.0202	0.0227	0.0278	0.0165	0.0512	0.0160

续表

国家级新区名称	NS1	NS2	NS3	PP1	PP2	PO1	PO2	PO3
四川天府新区	0.0308	0.0080	0.0203	0.0324	0.0401	0.0058	0.0412	0.0215
湖南湘江新区	0.0329	0.0172	0.0172	0.0179	0.0310	0.0061	0.0302	0.0020
南京江北新区	0.0000	0.0206	0.0251	0.0392	0.0246	0.0027	0.0521	0.0195
福州新区	0.0191	0.0252	0.0300	0.0303	0.0167	0.0000	0.0332	0.0205
云南滇中新区	0.0351	0.0057	0.0102	0.0078	0.0000	0.0033	0.0100	0.0031
哈尔滨新区	0.0106	0.0080	0.0089	0.0192	0.0189	0.0155	0.0403	0.0113
长春新区	0.0372	0.0206	0.0147	0.0262	0.0300	0.0146	0.0471	0.0152
江西赣江新区	0.0021	0.0069	0.0130	0.0087	0.0100	0.0144	0.0369	0.0107

资料来源：笔者根据调研数据整理计算而得。

第 6 章

国家级新区绿色增长能力
提升路径模式分析

根据第 5 章的国家级新区绿色增长能力评价结果，本章对国家级新区绿色增长能力提升路径模式进行分析，旨在为国家级新区绿色增长战略的有效推进提供理论指导。

6.1　国家级新区绿色增长能力提升的典型案例

前文基于国家级新区绿色增长能力评价结果，将现有国家级新区绿色增长能力划分为三个梯队，由于处于不同梯队的国家级新区的资源禀赋、技术实力有所差异，其绿色增长能力的提升路径也应有所差异，不必同时推进所有绿色增长影响要素的建设，而是根据不同国家级新区的发展需求，合理计划、及时调整。

6.1.1　国家级新区绿色增长能力第一梯队提升路径

目前，绿色增长能力处于国家级新区绿色增长能力第一梯队的有天津滨海新区、上海浦东新区、青岛西海岸新区，三个国家级新区的综合得分均在 0.6000 以上。分析发现，三个国家级新区在政府支持能力、企业绿色能力以及园区产出效益三方面，在所有国家级新区中已经处于较高水平，而非政府组织（NGO）监督指导以及公众参与能力相对较弱。这也意味着，对位于国家级新区绿色增长能力第一梯队的国家级新区而言，其绿色增长能力的短板就在于非政府组织（NGO）监督指导不力以及公众参与能力不足。因此，未来在确保政府支持能力、企业绿色能力以及园区产出效益方面继续保持强势的同时，应着重强化非政府组织（NGO）监督指导以及公众参与能力。下面，本书以天津滨海新区为例，陈述其绿色增长能力的提升路径。

天津滨海新区是国务院批准的第一个国家综合改革创新区，自 2005 年获批国家级新区以来取得快速发展，对于天津市的发展乃至京津冀经济圈的发展都发挥了重要作用。2014 年 12 月，天津滨海新区内获批成立了北方第一个自由贸易试验区中国（天津）自由贸易试验区。[①] 由此可见，天津滨海新区是国家发展战略的一个重要节点，其对绿色发展的支持力度不会减弱。例如，2018 年，天津滨海新区进一步推动绿色政府采购的升级换代，积极支持引导企业绿色发展。

第一方面，积极构建政府绿色采购规范与采购标准，形成绿色采购评价体系。天津滨海新区强调，绿色采购不仅要从所购买产品的绿色标准上予以明确，还应从全生命周期理论出发，对于选料、生产、销售以及废料处理方面进行绿色全覆盖。因此，从这一角度看，绿色采购评价体系，将对政府采购行为进行有效规范与合理指导。

第二方面，强化绿色采购的可操作性以及执行落地更是关键所在。从全国范围来看，天津滨海新区是第一家建立绿色采购评价体系的国家级新区，其在指标细化、指标导向性、指标影响力等方面更具科学性和可操作性，从而有利于推动政府绿色采购的真实落地，并将绿色理论逐

---

① 中国（天津）自由贸易试验区基本情况. http://www.china-tjftz.gov.cn/channels/16109.html.

步渗入社会环境。

第三方面，以绿色采购为牵引，激活政府规范采购，突破绿色发展难题。政府采购将政府与市场有效链接，既可视为政府履职行为，又属于市场行为。从政府履职行为的角度看，需要政府以绿色环保理念为指导，带头购买绿色产品、绿色服务，引导社会绿色消费的趋势，推动生产企业开展绿色实践。由此可见，天津滨海新区获得政府支持的力度未来不会减弱，但同时，这也意味着进一步改善提升的空间将相对有限。在为其设计绿色增长能力的提升路径时，进一步加大政府支持力度并不是最重要的补短板方向。

从天津滨海新区企业绿色增长能力来看，同样表现突出，以创新引领绿色发展。目前，天津滨海新区内众多企业以创新为手段，积极优化生产流程，开展绿色生产。早在2005年，天津新技术产业园区便鼓励新区内的企业引入ISO14000环境管理体系，并在该新区内某科技园创建国家示范区。2012年以来，某科技园先后获得"国家生态工业示范园""国家新型工业化产业示范基地"、新能源（储能电池）产业示范基地等称号，绿色发展的示范效应突出。

经过多年发展，天津滨海新区已经形成"绿色、低碳、可持续"的理念，强调绿色发展是今后生产变革和消费变革的重要趋势。在此背景下，天津滨海新区积极推进绿色环保工作，以制定节能环保计划为开端，以规范节能考评机制为手段，积极强化天津滨海新区企业的绿色生产实践，推动新区内的单位地区生产总值能耗持续下降、生态环境质量不断提升。同时，天津滨海新区企业的高质量发展，带动天津滨海新区经济发展稳中向好，园区产出效益可观。企业绿色能力以及园区产出效益也不是天津滨海新区提升绿色增长能力、补短板的方向。

目前，天津滨海新区非政府组织（NGO）监督指导及公众参与能力仍有不足。例如，尽管天津滨海新区存在如新滨海义工协会等非政府组织（NGO），但其监督指导功能未能充分发挥，宣传力度有待提升。这在一定程度上导致天津滨海新区公众未能完全置身于环保工作中，对绿色产品的需求未能被充分激发和挖掘。可见，对于天津滨海新区而言，其绿色增长能力的短板在于非政府组织（NGO）监督指导和公众参与度不高。未来，天津滨海新区应重视非政府组织（NGO）监督指导，提升公众参与能力，倒逼企业转型升级。

6.1.2 国家级新区绿色增长能力第二梯队提升路径

目前，国家级新区绿色增长能力处于第二梯队的有重庆两江新区、四川天府新区、福州新区、大连金普新区、南京江北新区、湖南湘江新区、广州南沙新区、长春新区，得分在 0.3000 ~ 0.6000 区间。经分析发现，处于国家级新区绿色增长能力第二梯队的国家级新区在非政府组织（NGO）监督指导以及公众参与能力方面与国家级新区绿色增长能力第一梯队基本持平、差异不大，但在政府支持能力、企业绿色能力以及园区产出效益三方面比国家级新区绿色增长能力第一梯队明显偏弱，这也是导致这些国家级新区未能步入国家级新区绿色增长能力第一梯队的重要原因。因此，位于国家级新区绿色增长能力第二梯队的国家级新区，应着力从政府支持能力、企业绿色能力以及园区产出效益三方面进行改善。下面，本书以大连金普新区为例，陈述其绿色增长能力的提升路径。

作为中国第十个国家级新区，大连金普新区近年来尽管获得中央政府和当地政府的大力支持，但相对于国家级新区绿色增长能力第一梯队而言，政府支持能力仍有不足（得分为 0.1660），尤其在财政投入力度以及财政补贴方面，未能获得足够支持，存在政策力度偏小、优惠导向不清晰等问题，未来应进一步对此进行完善，加大财政投入力度以及财政补贴力度，努力实现施惠于企。此外，大连金普新区管委会应增强服务意识，加大绿色宣传服务力度，增强为企业办事的效率。2018 年，大连金普新区在大连市创新性地实施了审批制度再优化、再改革，强调"清单之外无权力，大厅之外无审批"，在辽宁省创新性地实施"服务下沉"综合执法体制改革、在东北地区创新性地实施凸显服务便捷化的政府与银行合作模式，通过这些举措，持续加大对大连金普新区企业的支持力度。

在企业绿色能力方面，大连金普新区得分不仅低于国家级新区绿色增长能力第一梯队，在第二梯队中也处于中等水平，因此，需要继续加强其企业绿色能力，尤其是大连金普新区的企业绿色管理实践活动亟待加强。由于大连金普新区内多数企业对绿色发展的意义与实现路径仍未充分理解，导致其未能彻底实施绿色供应链管理，节能减排改造工程的进度也相对较慢。尽管近年来大连金普新区产业升级的新优势不断显现，产业集群不断涌现，新兴产业迅速发展，但在实现绿色发展方面的进步相对有限。

在园区产出效益方面，受制于企业绿色能力不强与政府支持能力偏弱，大连金普新区经济效益、环境效益与社会效益均未走在前列。这也意味着，未来只有通过强化园区企业绿色实践，争取更多政府支持，大连金普新区才有可能突破园区产出效益的瓶颈。

6.1.3　国家级新区绿色增长能力第三梯队提升路径

目前，处于国家级新区绿色增长能力第三梯队的有浙江舟山群岛新区、哈尔滨新区、江西赣江新区、兰州新区、云南滇中新区、陕西西咸新区、贵州贵安新区，得分均在 0.3000 以下。分析发现，处于国家级新区绿色增长能力第三梯队的国家级新区在绿色增长能力的各个子维度得分均较低。考虑到处于国家级新区绿色增长能力第三梯队的国家级新区多位于西部欠发达地区，当地企业生存压力较大，要求其尽快开展绿色实践的时机尚不成熟，因此，进一步加大政府支持能力成为提升此梯队国家级新区绿色增长能力的重要突破口。而且，从整体而言，提高财务投入能力、加大财政补贴，以资金助力激活第三梯队国家级新区绿色发展的开端是目前最有效、最稳妥的方式。而未来伴随政府支持力度的

---

① 国家级新区发展经验借鉴之十．大连金普新区着力发挥引领振兴促进开放的积极作用．http：//m. qingdao. gov. cn/n172/n24624151/n24625135/n24625149/n24625191/161013161745864007. html.

逐步提升，对国家级新区企业的支持力度和引导力度逐步加大，也有利于国家级新区企业绿色能力实现逐步改善，进而影响国家级新区的产出效益。同时，政府支持能力的提升，也会引导非政府组织（NGO）监督指导的强化以及提升公众参与能力，进而提升国家级新区绿色增长能力。下面，本书以云南滇中新区为例，陈述其绿色增长能力的提升路径。

云南滇中新区是中国云南省重要的经济增长极、西部地区新型城镇化综合试验区和改革创新先行区。从目前来看，其政府支持能力、企业绿色能力、非政府组织（NGO）监督指导、公众参与能力、园区产出效益得分均较低。其中，提升政府支持能力是其提高绿色增长能力的关键。要加大政府财政投入力度和财政补贴力度，尤其是针对科技含量高、资源消耗低、碳排放较少的新兴产业更要加大扶持力度，不断壮大新能源、节能环保、清洁生产产业，分阶段、分区域推进传统产业绿色改革，鼓励淘汰落后产能和落后技术，加快构建绿色低碳循环发展的经济体系。同时，要强化政府监管执行力，落实环境保护措施，严格执行项目审批"环保一票否决制"，增强对污染源的处置力度和处罚力度，切实加大云南滇中新区范围内环境污染防治力度以及环境保护力度，严厉打击各类环境违法行为。从整体而言，考虑当地经济实力，应更多从政府支持角度来提升云南滇中新区的绿色增长能力。

6.2　国家级新区绿色增长能力提升路径与模式选择

6.2.1　提升路径分析

基于国家级新区绿色增长能力的形成机理可知，国家级新区绿色增长能力形成的关键驱动路径，包括"政府投入/非政府组织（NGO）监督与宣传—企业绿色实践—绿色投资—绿色增长能力""政府投入/非政府组织（NGO）监督与宣传—企业绿色实践—管理创新—绿色增长能力"以及"非政府组织（NGO）监督与宣传—公众绿色消费行为—企业绿色意识—技术创新—绿色增长能力"这三条。因此，单从理论上看，可从以下三条具有普适性的行动路径提升国家级新区绿色增长能力。

第一，从加大政府投入及强化非政府组织（NGO）监督与宣传双重角度切入，撬动、引导大量资源投入国家级新区绿色发展进程中。在此背景下，政府通过加大对绿色生产基础设施建设、搭建国家级新区公共技术平台等多种投入，直接推动国家级新区内各个企业加快绿色生产行为、开展绿色实践，促使拟提升绿色增长能力的企业加大绿色技术以及相关基础设施建设等投入，进而实现绿色增长能力的提升。同时，非政府组织（NGO）监督指导和政府投入强调资源引入不同，更多从思维引导和行为监督方面促进国家级新区内的企业开展绿色生产行为。非政府组织（NGO）监督与宣传力度越大，对国家级新区企业不良行为的约束力就越强，国家级新区企业主动开展绿色实践行为的可能性就越大。而伴随企业绿色实践日益增多，意味着国家级新区内投资逐渐增多，为绿色增长能力的提升奠定了丰富的资本基础。

第二，仍从加大政府投入以及强化非政府组织（NGO）监督与宣传的双重角度切入，但其目的在于，促进国家级新区内的企业强化绿色增长能力的管理创新。伴随政府投入、非政府组织（NGO）监督与宣传对企业绿色实践推动作用的逐步深入，反而会对企业管理以及国家级新区管理提出更高要求，进而倒逼企业及国家级新区引入或开展有利于提升绿色增长能力的管理创新活动，从而为绿色增长能力的形成奠定良好的环境基础、主体间关系基础。

第三，先从非政府组织（NGO）监督与宣传活动切入。非政府组织（NGO）作为第三方，具有不以营利为目的的行为活动的社会性属性、公益性属性。从作用上看，这种社会性属性、公益性属性是对政府失灵以及市场失灵的一种有效弥补，并有利于引导公众接受潜在的、符合绿色标准的公共产品。非政府组织（NGO）通过环保意识的普及、教育、宣传活动，推动和促进环境保护领域的公众参与活动等方式，可有效地增强公众的环保意识。这在一定程度上会扩大绿色产品的市场需求，引导消费者选择绿色消费。伴随绿色消费行为的常态化、普遍化，会倒逼国家级新区内企业的绿色环保意识以及绿色生产实践意愿的逐步增强，进而加大绿色产品的研发力度、生产力度，强化可提升绿色增长能力的技术创新活动，进而提升绿色增长能力。

尽管三条路径可以有效提升国家级新区的绿色增长能力，但这三条路径仅仅是理论意义上的路径，在实施过程中，需要综合考虑国家级新区所处的经济环境、社会环境、发展背景、发展阶段等多种因素，具体问题具体分析，选择一条最适合自己的方式，提高国家级新区绿色增长能力提升的效率和质量。

6.2.2　提升模式选择

基于国家级新区绿色增长能力的影响因素分析可知，影响国家级新区绿色增长能力的原因因素众多，但从重要性来看，法律法规完善性是最重要的原因因素，这也意味着法律法规完善性是影响国家级新区绿色增长能力最根本的动力因素，同时，也是国家级新区绿色增长能力建设内在机理中的外在驱动力之一。从影响国家级新区绿色增长能力的结果因素来看，其重要程度从大到小排序为：当地居民的环境意识、企业员工环境意识与学习能力、主要竞争者的绿色管理实践、高层管理者的文化水平与绿色意识及企业绿色文化等。其中，当地居民的环境意识是最重要的结果因素，也是国家级新区绿色增长能力建设内在机理中的外在驱动力之一。从中心度来看，对国家级新区绿色增长能力的作用效果最好，影响国家级新区绿色增长能力最为重要的因素是企业绿色管理实践以及绿色技术进步与创新能力，同时，这两个因素也是国家级新区绿色增长能力建设内在机理中的内在驱动力。由此可见，在国家级新区绿色增长能力影响因素中，法律法规完善性、当地居民的环境意识、企业绿色管理实践以及绿色技术进步与创新能力是国家级新区绿色增长能力建设的内外部关键驱动力。

　　综合影响因素分析以及国家级新区绿色增长能力发展现状，提炼出现有国家级新区绿色增长能力发展路径的形成模式。

　　第一种模式，是以企业绿色创新为核心的企业驱动型发展模式。该模式强调企业绿色管理实践及其绿色技术进步与创新能力，是国家级新区绿色增长能力的重要动力因素。从目前各国家级新区绿色增长能力的发展现状来看，处于第一梯队的国家级新区在绿色增长能力提升方面采用这种模式。因为处于第一梯队的国家级新区，其经济发达程度、技术创新能力、市场化环境均具有较高水平，国家级新区内企业具有提升绿色增长能力的基本实力和迫切需求，往往会自主选择开展绿色技术研发与创新活动，主动开展绿色管理实践活动。由于企业绿色管理实践及其绿色技术进步与创新能力是国家级新区绿色增长能力建设内在机理中的内在驱动力，因此，采用这种模式的国家级新区的绿色增长能力往往较强。一方面，国家级新区企业应坚定实施绿色管理，积极构建绿色管理体系，通过对生产的技术、工艺、设计、包装等内容进行"绿色化"改造，实现企业绿色管理实践的规范化与科学性；另一方面，国家级新区企业应及时了解国内外绿色技术创新和扩散的最新发展动态以突破绿色技术为目标，积极进行关键技术创新、开发研究以及严重污染工艺的改造，从而不断丰富、增强绿色技术知识储备，确保其绿色技术创新的主体地位。

　　第二种模式，是以法律法规强管理为核心的政府政策驱动型发展模式。该模式强调，有效合理的政策组合是国家级新区绿色增长能力的重要支撑因素。从目前各国家级新区绿色增长能力的发展现状来看，多数处于国家级新区绿色增长能力第二梯队、国家级新区绿色增长能力第三梯队的国家级新区在绿色增长能力提升方面采用这种模式。因为处于国家级新区绿色增长能力第二梯队、国家级新区绿色增长能力第三梯队的国家级新区内的企业，迫于生存压力往往会降低自身进行绿色管理实践的要求和标准，在绿色技术创新、研究投入力度方面也会有所放松。在这种背景下，政府政策成为引导企业行为、树立环保意识的强力纠偏手段。除了政府直接投入外，往往会从激励政策和惩罚政策两方面入手，通过合理的政策组合，积极完善可有效引导绿色发展的法律法规体系，加大对国家级新区内企业绿色实践的扶持力度。

第三种模式，是以当地居民环境意识为核心的社会驱动型发展模式。该模式强调居民环保意识及行为选择是国家级新区绿色增长能力的重要助推因素。居民环保意识及行为选择会倒逼企业提升绿色环保意识，进行绿色生产实践。该模式对当地经济技术以及居民文化素养要求特别高。从目前各国家级新区绿色增长能力的发展现状来看，还没有任何一个国家级新区能够单纯以这种模式推动国家级新区绿色增长能力提升。但未来伴随国家级新区发展的逐步深入，居民环保意识逐步增强，以当地居民环境意识为核心的社会驱动型发展模式，将成为未来国家级新区绿色增长能力提升的主要模式。

6.3　国家级新区绿色增长能力提升措施

根据本书结论，应重点从政府层面、非政府组织（NGO）层面、企业层面以及公众层面提出提升国家级新区绿色增长能力的四个主要措施。

（1）政府层面

目前，国家级新区的建设是以政府为主导的。因此，实现国家级新区绿色增长提升离不开政府的支持。

首先，资金要素是推动国家级新区绿色增长能力提升的基本物质基础，因此，政府应加大资金扶持力度。在扶持方式上，一方面，要加大财政直接投入力度，尤其是针对重大绿色技术开发项目或国家级新区公共技术平台建设项目等，可以采取财政拨款方式予以支持；另一方面，政府应该进一步加大环保支出，在补贴力度方面也应有所侧重，特别是在绿色技术专利申请方面，应该加大支持力度，对于严格实施绿色管理实践的企业给予税收优惠。此外，国家级新区内完善的公共服务设施和基础设施，资金及住房保障以及宽松、优惠的人才政策能够增强国家级新区对人才的吸引力和聚集力，这同样需要政府予以财政支持。

其次，政府应加大政策法规的健全力度和监管力度。

一是政府应充分发挥政策的引导作用、激励作用和促进作用，优化政策顶层设计，通过制定相关政策措施来保障绿色增长环境。在当前环境下，绿色市场尚未形成，绿色市场运行机制亟须完善，单纯依靠市场力量难以彻底实现绿色增长目标。在这种情况下，政府的作用不可或缺，需要在其合理的绿色增长政策（包括产业政策、消费政策、科技政策）引导下，规范绿色发展，以此来弥补市场失灵带来的不足和各种问题。这些政策可以有效地增强国家级新区的绿色增长氛围，营造企业间良好的绿色竞争环境，加快绿色技术或绿色知识结构的更新与集成，为绿色技术的开发和推广提供政策上的保护和支持，从而有效地提升国家级新区的绿色增长能力。

二是除了完善政策体系外，还需加强国家级新区绿色经济发展中的法律法规建设。法律法规是一种强制性社会规范，对国家级新区的绿色增长行为具有强制效益性，有效的制度约束可极大限度地降低企业绿色生产中的不合规行为。因此，政府部门应尽快针对国家级新区绿色增长能力的发展，制定更专业化的政策法规制度，从而规范市场行为，维护市场秩序，保证绿色创新行为和绿色交易活动得到合理保护。此外，无论是政策扶持体系还是相关政策法规，均需要政府强有力的落地实施，否则，仅有政策法规而不贯彻实施，政策法规就不会真正发挥其功效。

再次，政府作为国家级新区建设的重要参与者，应围绕国家级新区绿色技术提升，积极搭建国家级新区绿色增长能力提升平台，推动国家级新区内外各主体间的交流。政府通过在高校、科研机构和企业间搭建沟通桥梁，加强产学研交流和合作，尤其是针对绿色增长的各项相关议题，加快彼此间知识、信息的快速流动，优化国家级新区知识结构，实现知识共享、资源互补和技术合作。同样，政府应增加对中介机构和公共服务机构的投入力度和扶持力度。中介服务机构不仅能为绿色技术开发创新提供配套服务，而且也有助于加快相关主体的交流与合作，以此解决信息不对称问题，引导市场资源优化配置效率进一步提升。

最后，政府应主动建立双向反馈机制，即让公众通过多种手段（如社会热线、环保软件平台、政府信箱），及时将环境问题反馈给相关主管部门。同时，政府部门应该对反馈的问题及时回复并予以解答，通过切实、有效的双向反馈渠道，将环保监督贯彻到底。

（2）非政府组织（NGO）层面

目前，非政府组织（NGO）已成为医治"市场失灵"的重要工具，在社会良性运转过程中发挥着润滑剂作用。尤其对于国家级新区的绿色增长能力而言，非政府组织（NGO）在私营部门和民间社会中与政府组织类似，能够对绿色增长能力的提升发挥重要的推动作用。但目前，中国非政府组织（NGO）建设与发达国家相比仍有一定差距，未来应加强中国非政府组织（NGO）建设。一方面，作为环境监督人以及环境改革行动的合作伙伴，应加强自身能力建设，强化与国际环保组织、国家级新区管委会、国家级新区企业等组织的交流沟通能力，以此监督政府绿色政策实施的情况；另一方面，充分发挥"宣传员"功能，大力开展环保推广活动，既向企业施加环保压力，促使绿色创新，又向公众灌输绿色意识，引导绿色消费行为。与此同时，要努力提高非政府组织（NGO）在促进国家级新区绿色增长方面的话语权，就需要让其纳入国家级新区绿色增长的政策制定主体体系中，鼓励政府部门主动寻求与非政府组织（NGO）的合作，让非政府组织（NGO）充分参与国家级新区绿色增长政策的制定工作，促使政策更因地制宜并具有可操作性。此外，非政府组织（NGO）可发挥中介作用，适当开展绿色技术的咨询、转让等相关服务，以此促进绿色技术扩散效果的进一步提升。

（3）企业层面

目前，绿色经济在全球范围内已经得到广泛认可，传统的、单纯的、以追求简单经济增长的技术创新观念，已经不适用于当前绿色经济发展的需求。在考虑经济增长的同时，还要综合考虑经济能否与社会、自然、人等多方面形成系统协调。

本质上，企业实施绿色生产就是将绿色工艺、绿色技术渗透入生产经营中，强调资源的合理利用以及循环利用，这也属于创新范畴。可见，绿色技术的创新与进步，成为推动全球经济发展的新引擎。

作为绿色技术或绿色知识的产出主体，企业面临激烈的市场竞争，为保持自身竞争优势，会建立企业内部研发中心，参与研发活动，同时，企业还是知识应用的主体，实现绿色产品的生产、推广和应用，对国家级新区绿色增长具有重要意义。由此可见，实现绿色技术创新的关键主体在于企业。因此，企业应加大绿色技术研发投入，努力实现绿色技术创新。一方面，企业要增强创新的主动性、自主性，重点突破资源循环利用的基础性技术，强化经济发展的可持续性、资源利用的集约性；另一方面，要做好外部技术的引进工作与吸收工作，尤其是要结合企业自身实际状况，依托其资源禀赋，努力将外部技术或经验予以内化，并设计出与自身相匹配的技术开发路径。需要指出的是，在企业开展绿色技术创新的过程中，无论是自主创新还是引进吸收，仅仅靠自身力量是不够的，企业应加强与其他组织的合作交流，尤其是作为新技术生产、新知识生产的关键主体——高校和科研机构。国家级新区内企业通过与高校和科研机构搭建良性共赢的绿色技术攻关平台，有利于加快绿色技术的研发进程与应用进程。

同时，企业应严格实施绿色管理实践，主动改变传统生产模式，最大限度地节约资源、降低在资源开发利用中对环境的污染。在此过程中，企业管理者和企业员工均应树立绿色环保意识，并将该理念主动融入企业经营管理中，全面考虑环境保护。尤其是在产品设计、生产、营销等一系列环节中，要凸显绿色意识、绿色行为，着力处理好绿色环境保护与企业发展之间的逻辑关系，避免企业生产活动对环境造成的破坏。

此外，企业绿色文化在推动国家级新区绿色增长方面发挥着不容忽视的作用，是企业推行绿色实践的重要助推器。因此，国家级新区内企业应积极塑造企业绿色文化，努力增强职工参与企业绿色实践的积极性、主动性。

（4）公众层面

前文提到，在追求绿色发展时，政府可以在初期给予大力支持，针对绿色增长提供一系列政策鼓励。但从长远来看，并不具备持续性。在市场经济环境下，企业效益才是驱使企业行为的最根本动力。从这一角度看，强化消费者绿色消费观念，引导其绿色消费，以此扩大绿色产品需求市场，进而为企业提供生存空间，显得尤为重要。因此，追求绿色消费，可以视为国家级新区提升绿色增长能力的重要内生动力之一。应对公众加强宣传教育，倡导并实行绿色消费。一方面，通过多种媒介方式进行宣传，如电视、报纸、网络、新媒体或自媒体平台等，强化绿色消费意识宣传、积极推广绿色产品，吸引越来越多的消费者转变消费习惯，实现消费行为升级；另一方面，努力提高消费者对绿色产品的需求度，无论是质量还是数量，均要体现出社会对绿色产品的信任度和依赖度。消费者对绿色产品的需求越旺盛，企业实施绿色生产实践的可能性就越大，从而倒逼企业为生产高质量的绿色产品进行技术升级。此外，应积极动员公众力量，对企业的绿色生产活动以及政府绿色监管执行情况进行有效监督。

作为社会管理和社会服务的重要补充力量，公众在政府、非政府组织（NGO）之外，也对绿色增长发挥着重要的推动作用。公众在国家级新区绿色增长方面参与程度越高，政府监管行为就越规范，企业绿色技术创新动力就越强，企业实施绿色实践的效果就越好。

6.4　本章小结

基于国家级新区绿色增长能力评价结果，本章重点从能力提升的典型案例、提升路径分析、提升模式选择与提升措施四个方面，对国家级新区绿色增长能力提升路径与提升模式进行分析，研究发现：

基于提升的典型案例分析，处于国家级新区绿色增长能力第一梯队的国家级新区，绿色增长能力提升重点应放在积极制定政府绿色采购规范与采购标准、强化绿色采购的可操作性及执行落地，以及以绿色采购为牵引，激活政府规范采购；处于国家级新区绿色增长能力第二梯队的国家级新区，应重点积极获得中央政府和当地政府的大力支持、增强服务意识，加大绿色宣传服务力度，提高为企业办事的效率，以及强化国家级新区企业绿色实践；处于国家级新区绿色增长能力第三梯队的国家级新区，应重点通过提升政府支持能力与强化政府监管执行力来提升国家级新区的绿色增长能力。

基于国家级新区绿色增长能力形成机理的分析，提出三条具有普适性的行动路径提升国家级新区绿色增长能力：第一，从加大政府投入以及强化非政府组织（NGO）监督与宣传双重角度切入，撬动、引导大量资源投入国家级新区绿色发展的进程中；第二，仍从加大政府投入以及强化非政府组织（NGO）监督与宣传双重角度切入，但其目的在于触发国家级新区内企业强化可推动绿色增长能力的管理创新；第三，先从非政府组织（NGO）监督与宣传活动切入。非政府组织（NGO）作为第三方，具备不以营利为目的的行为活动的社会性属性、公益性属性。

综合影响因素分析以及国家级新区绿色增长能力发展现状，提炼出现有国家级新区绿色增长能力发展路径的形成模式：第一种模式是以企业绿色创新为核心的企业驱动型发展模式；第二种模式是以法律法规强管理为核心的政府政策驱动型发展模式；第三种模式是以当地居民环境意识为核心的社会驱动型发展模式。

根据本书的结论，重点从政府层面、非政府组织（NGO）层面、企业层面以及公众层面提出提升国家级新区绿色增长能力的主要措施：在政府层面上，首先，资金要素是推动国家级新区绿色增长能力提升的基本物质基础；其次，政府应加大政策法规的健全力度和监管力度；最后，政府作为国家级新区建设的重要参与者，应围绕国家级新区绿色技术提升，积极搭建国家级新区绿色增长能力提升平台，推动国家级新区内外各主体间的交流。

在非政府组织（NGO）层面上，一是作为环境监督人，应加强自身能力建设；二是充分发挥"宣传员"功能，大力开展环保推广活动；三是提高非政府组织（NGO）在促进国家级新区绿色增长方面的话语权，让其纳入国家级新区绿色增长政策的制定主体体系中。

在企业层面上，一是积极实施绿色生产，将绿色工艺、绿色技术渗透入生产经营中，强调资源的合理利用以及循环利用；二是严格实施绿色管理实践，主动改变传统的生产模式；三是积极塑造企业绿色文化，努力增强职工参与企业绿色实践的积极性、主动性。

在公众层面上，一是对公众加强宣传教育，倡导并实行绿色消费；二是作为社会管理和服务的重要补充力量，公众在政府部门、非政府组织（NGO）之外，也对绿色增长发挥重要的推动作用。

第 7 章

结 论 与 展 望

7.1　研究结论

本书的核心研究主题是揭示国家级新区绿色增长能力的形成机理，为国家实施绿色增长提供理论参考依据与决策依据。为了实现这一目标，本书在分析国家级新区与绿色增长研究进展的基础上，梳理了国家级新区绿色增长能力的相关理论，剖析了绿色增长能力的形成机理，提炼了国家级新区绿色增长能力形成的关键驱动路径，识别了国家级新区绿色增长能力的影响因素。在此基础上，运用序关系分析法（G1 法）、唯一参照物比较判断法（G2 法）、熵值法与离差最大化法构建了国家级新区绿色增长能力的评价模型，并对典型国家级新区进行了实证评价，为衡量国家级新区的绿色增长能力提供理论指导。

本书得出的主要研究结论有以下四点。

（1）通过对国家级新区绿色增长能力形成动力因素的梳理，构建出国家级新区绿色增长能力形成的贝叶斯网络模型，并借助 GeNIe 软件进行致因链分析，识别出国家级新区绿色增长能力形成的关键驱动路径，如下所示：

政府投入/非政府组织（NGO）监督与宣传→企业绿色实践→绿色投资→绿色增长能力

政府投入/非政府组织（NGO）监督与宣传→企业绿色实践→管理创新→绿色增长能力

非政府组织（NGO）监督与宣传→公众绿色消费行为→企业绿色意识→技术创新→绿色增长能力

通过贝叶斯网络模型的敏感性分析，提炼出国家级新区绿色增长能力形成的关键驱动因素，即绿色投资、管理创新、技术创新。三者均受其他驱动因素的影响，并且，直接作用于国家级新区绿色增长能力。而政府监管与宣传、政府投入、非政府组织（NGO）监督与宣传、公众绿色意识这四个因素需要通过影响其他驱动因素进而影响绿色增长能力，因此，属于驱动国家级新区绿色增长能力形成的起始要素。

（2）通过对国家级新区绿色增长能力影响因素的筛选，运用灰数—决策实验室分析（grey-DEMATEL）方法进行影响因素的因果关系分析，识别出影响国家级新区绿色增长能力的原因因素、结果因素与关键因素，如下所示：

原因度为正的因素是直接影响国家级新区绿色增长能力的因素，按照作用大小依次包括：法律法规完善性、消费者绿色消费需求、绿色宣传服务力度、政府监管执行力与消费者环保意识五项，其中，法律法规完善性是最重要的原因因素。这也意味着，法律法规完善性是影响国家级新区绿色增长能力最根本的动力因素，同时，也是国家级新区绿色增长能力建设内在机理中的外在驱动力之一。原因度为负的因素，是被其他因素影响的因素，按照影响程度从大到小排序为：当地居民的环境意识、企业员工环境意识与学习能力、企业主要竞争者的绿色管理实践、企业高层管理者的文化水平、绿色意识与企业绿色文化等。其中，当地居民的环境意识是最为重要的结果因素，也是国家级新区绿色增长能力建设内在机理中的外在驱动力之一。

从中心度来看，影响国家级新区绿色增长能力关键因素是企业绿色管理实践和绿色技术进步与创新能力。由此可见，提升国家级新区绿色增长能力的关键是从国家级新区企业入手，一方面，国家级新区企业应坚定实施绿色管理，积极构建绿色管理体系，实现企业绿色管理实践的规范化与科学性；另一方面，国家级新区企业应及时了解国内外绿色技术创新，增强绿色技术知识储备，积极开展关键技术的自主创新。

（3）基于利益相关者的理论研究与文献研究，从政府支持能力、企业绿色能力、非政府组织（NGO）监督指导、公众参与能力与园区产出效益五个层面出发筛选评价指标，构建一个包含 17 个二级指标、44 个三级指标的国家级新区绿色增长能力的评价指标体系。政府支持能力层面主要从财政投入力度、财政补贴力度、法律法规完善性、政府监管执行力与绿色宣传服务力度五个方面考察；企业绿色能力重点考察企业高层领导者的文化水平与绿色意识、企业员工绿色知识学习能力、企业绿色管理实践与绿色技术进步和创新能力等；非政府组织（NGO）监督指导主要从与政府的合作、与企业的合作监督政府与企业绿色活动的执行情况，以及为企业绿色管理活动提供指导、培训与资金支持三个方面考察；公众参与能力主要从消费者绿色消费行为与当地居民参与国家级新区绿色建设程度两方面出发选取指标；园区产出效益重点考察经济效益、环境效益与社会效益。

（4）结合构建的国家级新区绿色增长能力评价指标体系，运用序关系分析法（G1 法）、唯一参照物比较判断法（G2 法）、熵值法与离差最大化法相结合的最优组合赋权法，对大连金普新区、上海浦东新区、天津滨海新区以及广州南沙新区的绿色增长能力进行测度评价。评价结果表明，政府支持能力对国家级新区的绿色增长能力影响最大，之后是企业绿色能力、园区产出效益、非政府组织（NGO）监督指导、公众参与能力；从区域角度看，上海浦东新区的绿色增长能力最强，之后为天津滨海新区、广州南沙新区以及大连金普新区。其中，上海浦东新区发展最为均衡，各子能力得分均处于较高水平。

从国家级新区绿色增长能力各一级指标来看，上述四个国家级新区在政府支持能力、企业绿色能力与园区产出效益上的差距较大，而在非政府组织（NGO）监督指导及公众参与能力上的差距却不是很明显。为了追赶上海浦东新区与天津滨海新区，广州南沙新区未来发展的重点应落在企业绿色能力建设与园区产出效益提升上；而大连金普新区应进一步加强政府扶持力度，以及非政府组织（NGO）与公众在国家级新区发展中的参与度与监督作用。

7.2　创新点

本书有以下三点创新点。

（1）界定了国家级新区绿色增长能力的内涵，构建了国家级新区绿色增长能力形成的贝叶斯网络模型。弥补了既有研究缺少对于国家级新区绿色增长能力各关键主体间相互关系的探索和关注，从政府、企业、非政府组织（NGO）与公众出发识别出国家级新区绿色增长能力形成的动力因素，基于这些动力因素间的逻辑关系，构建国家级新区绿色增长能力形成的贝叶斯网络模型，并借助 GeNIe 软件进行致因链分析和敏感性分析，以此梳理出影响国家级新区绿色增长能力形成的关键驱动路径和关键要素，厘清了国家级新区绿色增长能力的形成机理。

（2）运用了灰数—决策实验室分析（grey-DEMATEL）方法建立了国家级新区绿色增长能力影响因素分析模型，识别了国家级新区绿色增长能力关键影响因素。国家级新区绿色增长能力的形成，是一个涉及多个主体、多种要素相互作用的复杂动态过程，故以各利益主体相互间的影响关系为出发点，识别出影响国家级新区绿色增长能力的 22 个主要因素，并运用灰数—决策实验室分析（grey-DEMATEL）方法建立了影响因素分析模型，进而确立了各因素之间的原因—结果关系，识别出影响国家级新区绿色增长能力的关键因素有：法律法规完善性、消费者绿色消费需求、当地居民的环境意识、企业绿色管理实践和绿色技术进步与创新能力。

（3）运用序关系分析法（G1 法）、唯一参照物比较判断法（G2法）、熵值法与离差最大化的组合赋权法，构建了国家级新区绿色增长能力的评价模型。运用了序关系分析法（G1 法）、唯一参照物比较判断法（G2 法）、熵值法与离差最大化法相结合的综合赋权法对评价指标进行赋权，建立了国家级新区绿色增长能力的评价模型，并基于该模型对大连金普新区、上海浦东新区、天津滨海新区以及广州南沙新区四个国家级新区的绿色增长能力水平进行测度与评价。通过对评价结果的分析发现，上海浦东新区绿色增长能力最强，之后为天津滨海新区、广州南沙新区以及大连金普新区。其中，上海浦东新区发展最为均衡，各子能力得分均处于较高水平，占权重较大的指标数据均优于上述其他三个国家级新区，而大连金普新区各子能力均较低。

从国家级新区绿色增长能力各一级指标的角度看，政府支持能力对国家级新区绿色增长能力形成与提高的作用最为明显，之后，是企业绿色能力、园区产出效益、非政府组织（NGO）监督指导、公众参与能力。另外，还发现，上述四个国家级新区在政府支持能力、企业绿色能力与园区产出效益上的差距较大，而在非政府组织（NGO）监督指导和公众参与能力上的差距却不是很明显。此结果揭示了导致国家级新区绿色增长能力差异的重要原因，是源于政府支持力度的差异与企业绿色创新能力的差异。

7.3　研究展望

尽管本书在国家级新区绿色增长能力形成机理与评价研究方面具有一定的理论价值和实践意义，但仍存在一些不足之处，具体有以下三点。

第一，在对国家级新区绿色增长能力形成机理的探讨中，本书利用贝叶斯模型揭示了国家级新区绿色增长能力形成过程中各关键主体间的静态关系。但是，事实上，国家级新区绿色增长具有动态性，各主体对其影响始终处于不断变化中，这可能会导致各主体与国家级新区绿色增长能力之间的关系产生动态性演化。因此，在未来的分析中，可考虑通过运用系统动力学方法对国家级新区绿色增长能力的动态演进路径与趋势展开探讨，进而分析得到各利益相关主体在国家级新区绿色增长能力形成过程中的角色转变情况与影响变化情况。

第二，由于目前学界对国家级新区绿色增长能力的相关研究较为匮乏，因此，本书在识别影响因素时，更多的是借鉴区域绿色增长方面的研究文献，可能会导致筛选出来的影响因素未能准确地体现绿色增长能力的含义与特征；另外，本书主要结合利益相关者理论，从政府层面、企业层面、非政府组织（NGO）层面与公众层面筛选影响因素，这就使得识别出的影响因素在某种程度上不够全面，不能够有针对性地反映国家级新区的实际情况，进而会对国家级新区的发展产生制约作用。因此，在未来研究中，将重点在这方面寻求突破点，尽可能全面考虑其他因素，以进一步提升所得结果的准确性与科学性。

第三，在国家级新区绿色增长能力的评价中，本书选取的时间为2015～2017 年，仅为 3 年，时间跨度偏小，难以很好地反映各国家级新区绿色增长能力的演化趋势。主要原因有：一是本书评价指标体系数量较多，有一些重要的指标仅在第二年可以查到，或者是根本没有统计数据，导致研究无法进行；二是有的国家级新区是刚刚成立的，仅有 2017年的相关指标数据。针对这一问题，未来研究可以从两方面展开：一是进行数据跟踪研究，通过积累 2017 年之后的数据，使研究数据的时间跨度增大，研究效果会有所改善，并更具时效性；二是通过缩小研究问题，简化评价指标体系，可以在一定程度上提高数据的可获得性，进而扩展样本的时间跨度，完善现有研究结论。

参考文献

[1] 白然，熊阳．国家级新区建设经验对天府新区借鉴和启示 [J]．经营管理者，2014（9）：119.

[2] 白仲林，李军．天津滨海新区与上海浦东新区三次产业结构特征及其变迁的比较 [J]．科学学与科学技术管理，2003，24（7）：50−53.

[3] 北京师范大学科学发展观与经济可持续发展研究基地，西南财经大学绿色经济与经济可持续发展研究基地，国家统计局中国经济景气监测中心．2012 年中国绿色发展指数年度报告——区域比较 [M]．北京：北京师范大学出版社．2012.

[4] 曹建廷．我国水资源综合管理评估与建议 [J]．中国水利，2019（3）：1−3.

[5] 曹树金，吴育冰，韦景竹，等．知识图谱研究的脉络、流派与趋势—基于 SSCI 与 CSSCI 期刊论文的计量与可视化 [J]．中国图书馆学报，2015，41（5）：16−34.

[6] 曾静．基于科技进步的城市文化发展 [D]．长沙：中南大学，2004.

[7] 晁恒，李贵才．国家级新区的治理尺度建构及其经济效应评价 [J]．地理研究．2020，39（3）：495−507.

[8] 陈浩．广东高新区发展的瓶颈制约因素 [J]．经济导刊，2010（6）：66−67.

[9] 陈劲，叶伟巍．新时代中国式创新型国家理论的核心机理和关键特征 [J]．2022，22（1）：1−10

[10] 陈兴红，武春友，匡海波．基于 VAR 模型的绿色增长模式与

企业成长互动关系研究 [J]. 科研管理, 2015, 36 (4): 154 – 160.

[11] 陈扬. 三大国家级新区发展动力比较研究及启示 [D]. 兰州: 兰州大学, 2013.

[12] 陈有川. 基于规划视角的城市发展动力体系建构 [J]. 规划师, 2007, 23 (1): 56 – 58.

[13] 成金华, 陈军, 易杏花. 矿区生态文明评价指标体系研究 [J]. 中国人口·资源与环境, 2013, 23 (2): 1 – 10.

[14] 程都. 四川遂宁市绿色发展方式及借鉴 [J]. 沈阳工业大学学报 (社会科学版), 2018, 11 (2): 105 – 111.

[15] 迟国泰, 曹婷婷, 张昆. 基于相关 – 主成分分析的人的全面发展评价指标体系构建 [J]. 系统工程理论与实践, 2012, 32 (1): 111 – 119.

[16] 邓聚龙. 灰色系统理论教程 [M]. 武汉: 华中理工大学出版社. 1990.

[17] 邓晰隆, 叶宝忠, 易加斌. 国家级新区科技进步能力培育的政企合作影响因素研究——基于 18 个国家级新区的经验证据 [J]. 科学管理研究, 2020, 38 (2): 18 – 23.

[18] 邓紫微. 国家战略背景下长沙湘江新区建设研究 [D]. 长沙: 湖南师范大学, 2014.

[19] 丁友良. 舟山群岛新区行政管理体制创新——基于国家级新区行政管理体制的比较研究 [J]. 中共浙江省委党校学报, 2013, 29 (5): 43 – 49.

[20] 范柏乃. 我国城市居民生活质量评价体系的构建与实际测度 [J]. 浙江大学学报 (人文社会科学版), 2006 (4): 122 – 131.

[21] 范巧, 王成纲. 国家级新区辐射带动力评价及其影响因素分解——以重庆两江新区为例 [J]. 技术经济, 2017, 36 (1): 80 – 89.

[22] 范巧, 吴丽娜. 国家级新区对属地省份经济增长影响效应评估 [J]. 城市问题, 2018 (4): 48 – 58.

[23] 方玉梅. 高新区创新能力形成机理研究 [J]. 科技管理研究, 2010, 30 (12): 8 – 10.

［24］冯海燕.高校科研团队创新能力绩效考核管理研究［J］.科研管理，2015，36（1）：54-62.

［25］冯燕华.谈建筑工程绿色施工技术的现场实施及动态管理［J］.建筑安全，2012，27（11）：59-61.

［26］甘强.两江新区对重庆经济发展的影响［J］.重庆行政（公共论坛），2010，12（3）：8-9.

［27］高红贵.中国绿色经济发展中的诸方博弈研究［J］.中国人口·资源与环境，2012，22（4）：13-18.

［28］高所贵.城市动迁中的利益博弈与利益整合——以浦东新区川沙新镇动迁为例［D］.上海：复旦大学，2011.

［29］高瑜，李松.新时代深圳创新发展的新思路［J］.宏观经济管理，2018（1）：83-88.

［30］谷树忠，曹小奇，张亮，等.中国自然资源政策演进历程与发展方向［J］.中国人口·资源与环境，2011，21（10）：96-101.

［31］顾雪松，迟国泰，程鹤.基于聚类-因子分析的科技评价指标体系构建［J］.科学学研究，2010，28（4）：508-514.

［32］郭梅，朱金福.基于模糊粗糙集的物流服务供应链绩效评价［J］.系统工程，2007，25（7）：

［33］郭亚军.综合评价理论、方法及应用［M］.北京：科学出版社，2002.

［34］郭御龙，张梦时，中国国家级新区的研究述评与趋势展望［J］.区域发展，2021（7）：69-73.

［35］郝寿义，曹清峰.论国家级新区［J］.贵州社会科学，2016（2）：26-33.

［36］何富刚，刘侠，杨辛.PDCA循环在工程项目进度管理中的应用［J］.水电站设计，2009，25（2）：109-110.

［37］贺彩霞，冉茂盛，廖成林.基于系统动力学的区域社会经济系统模型［J］.管理世界，2009.

［38］胡美琴，骆守俭.基于制度与技术情境的企业绿色管理战略

研究 [J]. 中国人口·资源与环境, 2009, 19 (6): 75 – 79.

[39] 胡士春, 严建中, 高玮. 支持江苏绿色发展的财政政策研究 [J]. 财政科学, 2019 (2): 99 – 107.

[40] 郇庆治. 生态现代化理论与绿色变革 [J]. 马克思主义与现实, 2006 (2): 90 – 98.

[41] 黄栋, 匡立余. 利益相关者与城市生态环境的共同治理 [J]. 中国行政管理, 2006 (8): 50 – 53.

[42] 黄羿, 杨蕾, 王小兴, 等. 城市绿色发展评价指标体系研究—以广州市为例 [J]. 科技管理研究, 2012, 32 (17): 55 – 59.

[43] 黄宗盛, 胡培, 聂佳佳. 基于离差最大化的交叉效率评价方法 [J]. 运筹与管理, 2012 (6): 177 – 181.

[44] 惠炜, 赵国庆. 环境规制与污染避难所效应——基于中国省际数据的面板门槛回归分析 [J]. 经济理论与经济管理, 2017 (2): 23 – 33.

[45] 姜楠, 刘喜华. 绿色投资对工业转型升级的影响研究 [J]. 青岛大学学报 (自然科学版). 2022, 35 (1): 124 – 128.

[46] 姜鑫, 罗佳. 从增长极理论到产业集群理论的发展述评 [J]. 山东工商学院学报, 2008, 22 (6): 1 – 5.

[47] 焦露, 杨睿, 郭琳. 国家级新区资源环境承载力评估研究——以贵安新区为例 [J]. 四川理工学院学报 (社会科学版), 2017, 32 (5): 87 – 100.

[48] 李柏洲, 徐广玉, 苏屹. 基于组合赋权模型的区域知识获取能力测度研究——31 个省 (区市) 视阈的实证分析 [J]. 中国软科学, 2013 (12): 68 – 81.

[49] 李丁. 科技在推进经济绿色增长中的作用 [J]. 经济研究参考, 2011 (1): 44 – 48.

[50] 李海东, 王帅, 刘阳. 基于灰色关联理论和距离协同模型的区域协同发展评价方法及实证 [J]. 系统工程理论与实践, 2014, 34 (7): 1749 – 1755.

[51] 李慧明. 生态现代化理论的内涵与核心观点 [J]. 鄱阳湖学

刊, 2013 (2)：61 - 72.

[52] 李杰兰, 陈兴鹏, 王雨, 等. 基于系统动力学的青海省可持续发展评价 [J]. 资源科学, 2009, 31 (9)：1624 - 1631.

[53] 李玲, 陈秀羚. 产业链视域下福建省农业绿色化转型的路径 [J]. 福建农林大学学报 (哲学社会科学版). 2018, 21 (1)：29 - 33.

[54] 李玲, 陶锋. 中国制造业最优环境规制强度的选择—基于绿色全要素生产率的视角 [J]. 中国工业经济, 2012 (5)：70 - 82.

[55] 李美娟, 陈国宏, 陈衍泰. 综合评价中指标标准化方法研究 [J]. 中国管理科学, 2004, 12 (s1)：45 - 48.

[56] 李明奎, 石磊, 谭雪. 国家级新区环境绩效评估指标体系构建与应用初探 [J]. 环境保护, 2016, 44 (23)：31 - 34.

[57] 李晓西, 刘一萌, 宋涛. 人类绿色发展指数的测算 [J]. 中国社会科学, 2014 (6)：69 - 95.

[58] 李勇. 关于中国重庆两江新区战略构想 [J]. 城市, 2010 (6)：12 - 14.

[59] 梁宏志. 城市新区建设开发模式研究 [D]. 武汉：武汉理工大学, 2010.

[60] 辽宁省统计局. 辽宁省统计年鉴 [M]. 北京：中国统计出版社, 2015.

[61] 刘畅, 涂国平. 基于系统动力学的国家低碳发展战略情景仿真分析 [J]. 系统工程, 2015, 33 (7)：100 - 106.

[62] 刘光卫, 刘映芳. 跨国公司投资与区域产业竞争力研究——以上海浦东新区为例 [J]. 经济地理. 2001, 21 (1)：47 - 51.

[63] 刘洁, 李文. 征收碳税对中国经济影响的实证 [J]. 中国人口·资源与环境, 2011, 21 (9)：99 - 104.

[64] 刘京, 仲伟周. 我国高新区体制回归动因及对策研究 [J]. 科学学与科学技术管理, 2010, 31 (3)：16 - 19.

[65] 刘晶. 深圳：市场驱动的绿色供应链 [J]. 环境经济, 2016 (27)：27 - 29.

[66] 刘梅，刘林，许勤，等. 持续质量改进在骨创伤患者疼痛管理中的应用 [J]. 中华护理杂志，2012，47（10）：872－875.

[67] 刘涛. 国家级新区的理论、实践及其未来研究方向 [J]. 城市观察，2015（4）：67－73.

[68] 刘兴民. 绿色生态城区运营管理研究 [D]. 重庆：重庆大学，2014.

[69] 刘宇峰，原志华，郭玲霞，封建民，孔伟，党晨萌. 陕西省城市绿色增长水平时空演变特征及影响因素解析 [J]. 自然资源学报，2022，37（1）：200－220.

[70] 卢万合，刘继生，那伟. 基于系统动力学的资源枯竭型矿业城市产业转型仿真分析——以吉林省辽源市为例 [J]. 地理科学，2012，32（5）：577－583.

[71] 鲁开跟. 增长的新空间——产业集群核心能力研究 [M]. 北京：经济科学出版社，2006.

[72] 罗锦，邱建. 国家级新区规划管理的机构设置、问题及建议 [J]. 规划师，2020，36（12）：31－37.

[73] 吕晓菲，卢小丽. 资源型城市绿色增长能力评价研究 [J]. 科研管理，2016，37（9）：89－97.

[74] 马成刚. PDCA 循环在工程质量管理中的应用 [J]. 中国科技信息，2007（8）：34－35.

[75] 马德仲，周真，于晓洋，等. 基于模糊概率的多状态贝叶斯网络可靠性分析 [J]. 系统工程与电子技术，2012，34（12）：2607－2611.

[76] 马胜虎. 城市新区经济发展的动力及路径研究——对兰州新区经济发展的思考 [D]. 重庆：重庆大学，2012.

[77] 马向阳，汪书宇，陈琦，等. 基于利益相关者理论的区域管治模式创新及其综合评价研究——以滨海新区为例 [J]. 科技进步与对策，2011，28（7）：32－38.

[78] 马永欢，周立华. 武威市凉州区发展循环经济的路径优化与仿真模拟 [J]. 经济地理，2008，28（6）：1015－1019.

［79］孟晓飞，刘洪．绿色管理塑造企业绿色竞争优势［J］．华东经济管理，2003，17（4）：76－78.

［80］米传民，刘思峰，杨菊．江苏省科技投入与经济增长的灰色关联研究［J］．科学学与科学技术管理，2004（1）：34－36.

［81］明翠琴，陈雷，钟书华，中国绿色增长综合评价指标体系的构建及实证［J］．科技管理研究，2021（10）：76－86.

［82］倪方树，蔡思远，李艳旭等．国家级新区管理体制研究及对河北雄安新区的启示——基于天津滨海新区管理体制的改革实践［J］．城市，2018（8）：49－57.

［83］倪方树，王家庭，曹清峰等．国家级新区评价指标体系构建及对河北雄安新区发展的启示——基于五大发展理念的视角［J］．城市，2017（6）：3－8.

［84］宁波．三亚绿色生态旅游可持续发展研究［J］．绿色科技，2014（5）：260－261.

［85］欧阳志云，赵娟娟，桂振华，等．中国城市的绿色发展评价［J］．中国人口·资源与环境，2009，19（5）：11－15.

［86］潘霄，全成浩，沈方，等．辽宁省"十三五"能源发展趋势预测及需求分析［J］．中国能源，2015，37（9）：43－47.

［87］潘岳．环保：中国就"绿色增长"提出五主张［J］．决策与信息，2005（5）：78－79.

［88］彭博．国家级新区应急管理指挥系统建设研究［D］．大连：大连理工大学，2017.

［89］彭红斌．绿色型经济增长方式：中国经济发展的必然选择［J］．理论前沿，2002（8）：29－30.

［90］彭建，魏海，李贵才，等．基于城市群的国家级新区区位选择［J］．地理研究，2015，34（1）：3－14.

［91］彭珊．国家级新区发展的当下问题及其经济政策建构研究［J］．理论探讨，2016（5）：109－113.

［92］漆明春．遂宁市绿色经济发展模式研究［J］．时代经贸，

2017 (7)：54 –56.

［93］齐元静，金凤君，刘涛等．国家节点战略的实施路径及其经济效应评价［J］．地理学报，2016，71（12）：41 –56.

［94］钱争鸣，刘晓晨．中国绿色经济效率的区域差异与影响因素分析［J］．中国人口·资源与环境，2013，23（7）：104 –109.

［95］秦阿宁，孙玉玲，王燕鹏，滕飞．碳中和背景下的国际绿色技术发展态势分析［J］．世界科技研究与发展，2021，43（4）：385 –402.

［96］曲福田．资源经济学［M］．北京：中国农业出版社，2001.

［97］任磊，杜一，马帅，等．大数据可视分析综述［J］．软件学报，2014，25（9）：1909 –1936.

［98］萨缪尔森·P.，诺德豪斯·W．经济学［M］．13 版．郭铜安译．北京：华夏出版社，1990.

［99］商迪，李华晶，姚珺．绿色经济、绿色增长和绿色发展：概念内涵与研究评析［J］．外国经济与管理，2020，42（12）：134 –151.

［100］尚思宁．政府科技支出对城市绿色增长的影响——基于绿色全要素生产率视角［J］．投资与创业，2021.32（20）：55 –57.

［101］石宝峰，迟国泰．基于信息含量最大的绿色产业评价指标筛选模型及应用［J］．系统工程理论与实践，2014，34（7）：1799 –1810.

［102］宋德勇，邓捷，弓媛媛．我国环境规制对绿色经济效率的影响分析［J］．学习与实践，2017（3）：23 –33.

［103］宋海鸥，毛应淮．国外环境治理措施的阶段性演变：工业污染治理——以美、英、日三国为例［J］．科技管理研究，2011，31（15）：45 –49.

［104］苏欢，谭立新，李水生，等．基于 PDCA 循环的地铁工程绿色施工评价体系初探［J］．湖南工程学院学报（自然科学版），2020，30（2）：84 –90.

［105］苏利阳，郑红霞，王毅．中国省际工业绿色发展评估［J］．中国人口·资源与环境，2013，23（8）：116 –122.

［106］苏明. 构建有利于减贫和绿色增长的财税政策［J］. 国家行政学院学报，2013（3）：44 – 50.

［107］隋俊，毕克新，杨朝均，等. 制造业绿色创新系统创新绩效影响因素——基于跨国公司技术转移视角的研究［J］. 科学学研究，2015，33（3）：440 – 448.

［108］孙耀武. 促进绿色增长的财政政策研究［D］. 北京：中共中央党校，2007.

［109］孙英敏. 我国绿色增长方式形成的投资动力机制研究——基于制造业数据的实证分析［J］. 科技促进发展，2021，17（4）：588 – 594.

［110］唐琳. 我国制造业绿色产出效率及其影响因素研究［D］. 沈阳：东北大学，2012.

［111］唐佐. 天府新区自主创新中心建设研究［D］. 成都：西华大学，2014.

［112］田成川，柴麒敏. 日本建设低碳社会的经验及借鉴［J］. 宏观经济管理，2016（1）：89 – 92.

［113］佟贺丰，杨阳，王静宜，等. 中国绿色经济发展展望——基于系统动力学模型的情景分析［J］. 中国软科学，2015（6）：20 – 34.

［114］汪培庄. 模糊集合论及其应用［M］. 上海：上海科学技术出版社，1983.

［115］汪书宇. 基于利益相关者的区域管治模式创新研究——以滨海新区为例［D］. 天津：天津大学，2010.

［116］汪应洛. 系统工程［M］. 北京：机械工业出版社，2003.

［117］王海龙，连晓宇，林德明. 绿色技术创新效率对区域绿色增长绩效的影响实证分析［J］. 科学学与科学技术管理，2016，37（6）：80 – 87.

［118］王灏晨，夏国平. 基于系统动力学的广西区域创新系统研究［J］. 科学学与科学技术管理，2008（6）：66 – 71.

［119］王佳宁，罗重谱. 国家级新区管理体制与功能区实态及其战

略取向 [J]. 改革, 2012 (3): 21 – 36.

[120] 王梅. 利益相关者逻辑下城市社区的治理结构 [J]. 北京行政学院学报, 2008 (2): 30 – 33.

[121] 王珊珊. 基于脱钩的绿色增长及影响因素: 国际比较研究 [D]. 大连: 大连理工大学, 2016.

[122] 王霞, 王岩红, 苏林, 等. 国家高新区产城融合度指标体系的构建及评价——基于因子分析及熵值法 [J]. 科学学与科学技术管理, 2014, 35 (7): 79 – 88.

[123] 王晓玲. 国家级新区区域融合协同发展研究——以沈抚改革创新示范区为例 [J]. 城市, 2021 (2): 23 – 33.

[124] 王晓晓, 嵇彩凤, 徐海顺, 等. 基于绿色经济理论的城乡可持续发展策略探究 [J]. 经济研究导刊, 2018 (33): 132 – 133.

[125] 王秀艳, 曲英, 武春友. 基于 Grey-DEMATEL 电子废弃物回收制约因素研究 [J]. 当代经济管理, 2016, 38 (3): 27 – 33.

[126] 王学军, 郭亚军, 赵礼强. 一种动态组合评价方法及其在供应商选择中的应用 [J]. 管理评论, 2005, 17 (12): 42 – 45.

[127] 王学军, 郭亚军. 基于 G1 法的判断矩阵的一致性分析 [J]. 中国管理科学, 2006, 15 (3): 65 – 70.

[128] 王志平, 陶长琪, 沈鹏熠. 基于生态足迹的区域绿色技术效率及其影响因素研究 [J]. 中国人口·资源与环境, 2014, 24 (1): 35 – 40.

[129] 魏中胤, 沈山, 沈正平, 我国国家级区的类型划分与政策导向 [J]. 经济师, 2020 (2): 20 – 22.

[130] 温忠麟, 叶宝娟. 中介效应分析: 方法和模型发展 [J]. 心理科学进展, 2014, 22 (5): 731 – 745.

[131] 吴昊天, 杨郑鑫. 从国家级新区战略看国家战略空间演进 [J]. 城市发展研究, 2015, 22 (3): 1 – 10.

[132] 吴敬琏. 供给侧改革引领"十三五" [M]. 北京: 中信出版社, 2016.

［133］吴利学，魏后凯．产业集群研究的最新进展及理论前沿［J］．上海行政学院学报，2004，5（3）：51－60.

［134］吴武林，周小亮．中国包容性绿色增长测算评价与影响因素研究［J］．社会科学研究，2018（1）：27－37.

［135］吴晓林．模糊行政：国家级新区管理体制的一种解释［J］．公共管理学报，2017（4）：16－26.

［136］武春友，陈兴红，匡海波．基于AHP-标准离差的企业绿色度可拓学评价模型及实证研究［J］．科研管理，2014，35（11）：109－117.

［137］武春友，陈兴红，匡海波．基于Rough-DEMATEL的企业绿色增长模式影响因素识别［J］．管理评论，2014，26（8）：74－81.

［138］武春友，付帼，吕晓菲，卢小丽．中国省域绿色转型能力空间关系格局及其演变特征研究［J］．科技与管理．2018，20（4）：1－7.

［139］武春友，郭玲玲，绿色增长理论与实践的国际比较研究［J］．中国国情国力，2020（5）：37－41.

［140］武春友，郭玲玲，于惊涛．基于TOPSIS－灰色关联分析的区域绿色增长系统评价模型及实证［J］．管理评论．2017，29（1）：228－239.

［141］武永春．绿色价格影响因素及策略研究［J］．价格理论与实践，2003（7）：48－49.

［142］项群娟．我国流通业创新发展方式形成的投资动力机制——绿色流通视角［J］．商业经济研究，2020（8）：16－18.

［143］谢荣辉．环境规制、引致创新与中国工业绿色生产率提升［J］．产业经济研究，2017（2）：38－48.

［144］燕翔，刘彦平．新型城镇化背景下国家级新区的发展与面临的挑战［J］．经济论坛，2020（1）：130－135.

［145］杨建洲．中国森林资源管理政策的演变及启示［J］．世界林业研究，2001（1）：72－75.

［146］杨杰，王妮娟．基于利益相关者理论的企业生态创新动力机制研究［J］．现代商业，2022（9）：121－123.

［147］杨世迪，韩先锋，宋文飞．对外直接投资影响了中国绿色全要素生产率吗？［J］．山西财经大学学报，2017，39（4）：14 - 26.

［148］杨文培，朱红涛．基于利益相关者视角的节能生态系统分析［J］．生态经济（中文版），2008（9）：148 - 150.

［149］杨运星．生态经济、循环经济、绿色经济与低碳经济之辨析［J］．前沿，2011（8）：94 - 97.

［150］叶姮，李贵才，李莉等．国家级新区功能定位及发展建议——基于 GRNN 潜力评价方法［J］．经济地理，2015，35（2）：92 - 99.

［151］殷克东，卫梦星．中国海洋科技发展水平动态变迁测度研究［J］．中国软科学，2009（8）：144 - 154.

［152］于惊涛，王珊珊．基于低碳的绿色增长及绿色创新—中、美、英、德、日、韩实证与比较研究［J］．科学学研究，2016，34（4）：528 - 538.

［153］袁建．生态现代化与环境保护行为关系——基于生态现代化理论视角［J］．区域治理，2019（41）：131 - 134.

［154］袁茜，吴利华，张平．绿色增长下我国大型制造企业创新效率提升路径研究［J］．科技进步与对策，2017，34（22）：85 - 92.

［155］张百灵．外部性理论的环境法应用：前提、反思与展望［J］．华中科技大学学报（社会科学版），2015，29（2）：44 - 51.

［156］张江雪，蔡宁，毛建素，等．自主创新、技术引进与中国工业绿色增长——基于行业异质性的实证研究［J］．科学学研究，2015，33（2）：185 - 194.

［157］张江雪，蔡宁，杨陈．环境规制对中国工业绿色增长指数的影响［J］．中国人口·资源与环境，2015，25（1）：24 - 31.

［158］张江雪，朱磊．基于绿色增长的我国各地区工业企业技术创新效率研究［J］．数量经济技术经济研究，2012（2）：113 - 125.

［159］张江雪，蔡宁，毛建素，等．自主创新、技术引进与中国工业绿色增长——基于行业异质性的实证研究［J］．科学学研究，2015，

33（2）：185-194.

［160］张江雪，朱磊．基于绿色增长的我国各地区工业企业技术创新效率研究［J］．数量经济技术经济研究，2012，29（2）：113-125.

［161］张京祥．城镇群体空间组合［M］．南京：东南大学出版社，2000.

［162］张昆，迟国泰．基于相关分析——粗糙集理论的生态评价指标体系构建［J］．系统工程学报，2012，27（1）：119-128.

［163］张连文，郭海鹏．贝叶斯网引论［M］．北京：科学出版社，2006.

［164］张露，徐丹丹，黄兵号，等．绿色金融促进江苏农业绿色发展研究［J］．北方金融，2019（8）：46-50.

［165］张楠．基于利益相关者的北戴河新区渤海林场发展研究［D］．秦皇岛：燕山大学，2013.

［166］张炜．中美两国研发经费的比较研究［J］．中国软科学，2001（10）：74-80.

［167］张旭，杜瑶．绿色增长战略实施能力体系研究［J］．科研管理，2014，35（12）：153-159.

［168］张旭，李伦．绿色增长内涵及实现路径研究述评［J］．科研管理，2016，37（8）：85-93.

［169］张英浩，陈江龙，程钰．环境规制对中国区域绿色经济效率的影响机理研究—基于超效率模型和空间面板计量模型实证分析［J］．长江流域资源与环境，2018，27（11）：2407-2418.

［170］张颖，陈波．国家高新区竞争力影响因素及对策分析［J］．现代商业，2012（12）：184-185.

［171］张颖．国家级新区发展问题研究——以大连金普新区为例［J］．对外经贸，2015（11）：86-87.

［172］赵奥，张敏．环境约束下绿色增长模式与中国工业企业发展的交互响应研究［J］．财经理论研究，2018（5）：104-112.

［173］赵斌.关于绿色经济理论与实践的思考［J］.社会科学研究，2006（2）：44－47.

［174］赵东方，武春友，商华.国家级新区绿色增长能力建设影响因素分析［J］.科技进步与对策，2018，35（12）：34－41.

［175］赵东方，武春友，商华.国家级新区绿色增长能力提升路径研究［J］.当代经济管理，2017，39（12）：16－20.

［176］中国环境与发展国际合作委员会.中国绿色经济发展机制与政策创新［M］.北京：中国环境科学出版社，2011.

［177］中国科学院可持续发展战略研究组.2011中国可持续发展战略报告：实现绿色经济转型［M］.北京：科学出版社，2012.

［178］周五七，武戈.低碳约束的工业绿色生产率增长及其影响因素实证分析［J］.中国科技论坛，2014（8）：67－73.

［179］周英男，杨文晶，杨丹.中国绿色增长政策影响因素提取及建构研究［J］.2017，38（2）：12－19.

［180］朱江涛，卢向虎.国家级新区行政管理体制比较分析［J］.全球商业经典，2019（3）：48－53，170－171.

［181］诸大建.从"里约＋20"看绿色经济新理念和新趋势［J］.中国人口·资源与环境，2012，22（9）：1－7.

［182］诸大建.从里约＋20看绿色经济新理念和新趋势［J］.世界环境，2012，22（4）：38－40.

［183］庄三舵，朱红斌.困境与出路：大学城管委会身份解析［J］.教育评论，2016（4）：68－71.

［184］Aslani A.，Helo P.，Naaranoja M. Role of renewable energy policies in energy dependency in finland：System dynamics approach［J］. Applied Energy，2014（113）：758－765.

［185］Bagheri M.，Guevara Z.，Alikarami M.，et al. Green growth planning：A multi-factor energy input-output analysis of the Canadian economy［J］. Energy Economics，2018（74）：708－720.

［186］Bagozzi R. P. , Yi Y. On the evaluation of structural equation models ［J］. Journal of the Academy of Marketing Science, 1988. 16 (1): 74 – 94.

［187］Bi G. , Song W. , Zhou P. , et al. Does environmental regulation affect energy efficiency in China's thermal power generation? Empirical evidence from a slacks-based DEA model ［J］. Energy Policy, 2014 (66): 537 – 546.

［188］Bian Y. , He P. , Xu H. Estimation of potential energy saving and carbon dioxide emission reduction in China based on an extended non-radial DEA approach ［J］. Energy Policy, 2013 (63): 962 – 971.

［189］Boudali H. , Dugan J. B. A discrete-time Bayesian network reliability modeling and analysis framework ［J］. Reliability Engineering & System Safety, 2005, 87 (3): 337 – 349.

［190］Bristow A L. , Tight M. , Pridmore A. , et al. Developing pathways to low carbon land-based passenger transport in Great Britain by 2050 ［J］. Energy Policy, 2008, 36 (9): 3427 – 3435.

［191］Büyüközkan G. , Çifçi G. A novel hybrid MCDM approach based on fuzzy DEMATEL, fuzzy ANP and fuzzy TOPSIS to evaluate green suppliers ［J］. Expert Systems with Applications, 2012, 39 (3): 3000 – 3011.

［192］Buyukozkan G. , Guleryuz S. An integrated DEMATEL-ANP approach for renewable energy resources selection in Turkey ［J］. International Journal of Production Economics, 2016 (182): 435 – 448.

［193］Casillas C. E. , Daniel K. Quantifying the social equity of carbon mitigation strategies ［J］. Climate Policy, 2012, 12 (6): 690 – 703.

［194］Cavana R. Y. Modeling the environment: An introduction to system dynamics models of environmental systems ［M］. Washington: Island Press. 1999.

［195］CDKN. , ECF. , GGGI. Green growth in practice: Lessons from country experiences ［J］. GGGI: Seoul. 2014.

［196］Chang C. , Carballo C. F. S. Energy conservation and sustainable economic growth: The case of Latin America and the Caribbean [J]. Energy Policy, 2011, 39 (7): 4215 – 4221.

[197] Chang Y. , Zhang N. , Danao D. , et al. Environmental efficiency analysis of transportation system in China: A non-radial DEA approach [J]. Energy Policy, 2013 (58): 277 – 283.

[198] Charnes A. , Cooper W. W. , Rhodes E. Measuring the efficiency of decision making units [J]. European Journal of Operational Research, 1978, 2 (6): 429 – 444.

[199] Chen C. CiteSpace Ⅱ: Detecting and visualizing emerging trends and transient patterns in scientific literature [J]. Journal of the American Society for Information Science and Technology, 2006, 57 (3): 359 – 377.

[200] Chen L. , Zhou Y. , Zhou D. , et al. Clustering enterprises into eco-industrial parks: Can interfirm alliances help small and medium-sized enterprises? [J]. Journal of Cleaner Production, 2017 (168): 1070 – 1079.

[201] Chung L. , Lo C. W. , Li P. H. Y. The interaction effects of institutional constraints on managerial intentions and sustainable performance [J]. International Journal of Production Economics, 2016 (181): 374 – 383.

[202] Dai J. , Montabon F. L. , Cantor D. E. Linking rival and stakeholder pressure to green supply management: Mediating role of top management support [J]. Transportation Research Part E, 2014, 71 (C): 173 – 187.

[203] Dasgupta S. , Laplante B. , Mamingi N. , et al. Inspections, pollution prices, and environmental performance: Evidence from China [J]. Ecological Economics, 2004, 36 (3): 487 – 498.

[204] De Miguel C. , Montero M. , Bajona C. Intergenerational effects of a green tax reform for a more sustainable social security system [J]. Energy Economics, 2015 (52): S117 – S129.

[205] Delmas M. , Toffel M. W. Stakeholders and environmental management practices: An institutional framework [J]. Business Strategy & the

Environment, 2010, 13 (4): 209 - 222.

[206] Diabat A. , Govindan K. An analysis of the drivers affecting the implementation of green supply chain management [J]. Resources, Conservation and Recycling, 2011, 55 (6): 659 - 667.

[207] Du S. , Bhattacharya C. B. , Sen S. Maximizing Business Returns to Corporate Social Responsibility (CSR): The role of CSR communication [J]. International Journal of Management Reviews, 2010, 12 (1): 8 - 19.

[208] Fabre A. , Fodha M. , Ricci F. Mineral resources for renewable energy: Optimal timing of energy production [J]. Resource and Energy Economics, 2020 (59): 101 - 131.

[209] Feng Z. , Xu J. , Yang J. , et al. Strategic flexibility, green management and firm competitiveness in an emerging economy [J]. Technological Forecasting & Social Change, 2015, 101 (1): 347 - 356.

[210] Fornell C. , Larcker D F. Evaluating structural equation models with unobservable variables and measurement error [J]. Journal of Marketing Research, 1981, 18 (1): 39 - 50.

[211] Forrester J. Industrial dynamics: A major breakthrough for decision makers [J]. Harvard Business Review, 1958, 36 (4): 37 - 66.

[212] Freeman R. E. Strategic management: A stakeholder approach [M]. Boston: Pitman, 1984.

[213] Frondel M. , Horbach J. , Rennings K. End-of-pipe or cleaner production? An empirical comparison of environmental innovation decisions across OECD countries [J]. Business Strategy & the Environment, 2007, 16 (8): 571 - 584.

[214] Gabler C. B. , Jr R. G. R. , Rapp A. Developing an eco-capability through environmental orientation and organizational innovativeness [J]. Industrial Marketing Management, 2015, 45 (1): 151 - 161.

［215］GGGI. GGGI informational brochure ［R］. Seoul: GGGI, 2010.

［216］GGKP. Moving towards a common approach on green growth indicators ［R］. Geneva: GGKP. 2013.

［217］Glemarec Y. , de Oliveira J. P. The role of the visible hand of public institutions in creating a sustainable future ［J］. Public Administration and Development, 2012, 32 (2): 200 – 214.

［218］Government H. The UK renewable energy strategy ［R］. London: The Stationery Office (TSO), 2009.

［219］Grover R. B. Green growth and role of nuclear power: A perspective from India ［J］. Energy Strategy Reviews, 2013, 1 (4): 255 – 260.

［220］Guo L. L. , Qu Y. , Tseng M. L. The interaction effects of environmental regulation and technological innovation on regional green growth performance ［J］. Journal of Cleaner Production, 2017 (162): 894 – 902.

［221］Guo L. L. , Qu Y. , Wu C. Y. , et al. Identifying a pathway towards green growth of Chinese industrial regions based on a system dynamics approach ［J］. Resources Conservation & Recycling, 2018 (128): 143 – 154.

［222］Hair J F. , Black W C. , Babin B J. , et al. Multivariate data analysis (6th ed.) ［M］. Upper Saddle River: Pearson Prentice Hall, 2007.

［223］Hall B. , Kerr M. L. The 1991—1992 green index: A state by state guide to the nation's environmental health ［M］. Washington: Island Press, 1991.

［224］Hamdouch A. , Depret M. Policy integration strategy and the development of the "green economy": Foundations and implementation patterns ［J］. Journal of Environmental Planning & Management, 2010, 53 (4): 473 – 490.

［225］Harangozó G. , Zilahy G. Cooperation between business and non-governmental organizations to promote sustainable development ［J］. Journal of Cleaner Production, 2015 (89): 18 – 31.

[226] Hashemi S H. , Karimi A. , Tavana M. An integrated green supplier selection approach with analytic network process and improved grey relational analysis [J]. International Journal of Production Economics, 2015 (159): 178 – 191.

[227] Holvoet N. , Gildemyn M. , Inberg L. Taking stock of monitoring and evaluation arrangements in the context of poverty reduction strategy papers: Evidence from 20 aid-dependent countries in Sub-Saharan Africa [J]. Development Policy Review, 2012, 30 (6): 749 – 772.

[228] Huang Y. , Fang C. , Lin Y. Inventory management in supply chains with consideration of logistics, green investment and different carbon emissions policies [J]. Computers & Industrial Engineering, 2020 (139): 106 – 207.

[229] Hwang C. L. , Yoon K. P. Multiple attribute decision making methods and applications [M]. Berlin: Springer-Heidelberg, 1981.

[230] Jamet S. Towards green growth in Denmark: Improving energy and climate change policies [J]. OECD Economics Department Working Papers, 2012 (16): 8 – 37.

[231] Jia X. , An H. , Fang W. , et al. How do correlations of crude oil prices co-move? A grey correlation-based wavelet perspective [J]. Energy Economics, 2015 (49): 588 – 598.

[232] Jiang X. , He X. , Zhang L. , et al. Multimodal transportation infrastructure investment and regional economic development: A structural equation modeling empirical analysis in China from 1986 to 2011 [J]. Transport Policy, 2017 (54): 43 – 52.

[233] Jnicke M. "Green growth": From a growing eco-industry to economic sustainability [J]. Energy Policy, 2012, 48 (C): 13 – 21.

[234] Jones R. , Yoo B. Japan's new growth strategy to create demand and jobs [J]. OECD Economics Department Working Papers, 2011 (30): 61 – 90.

［235］ Kammerer D. The effects of customer benefit and regulation on environmental product innovation：Empirical evidence from appliance manufacturers in Germany ［J］. Ecological Economics, 2009, 68 (8)：2285 - 2295.

［236］ Kuai P. , Li W. , Cheng R. , et al. An application of system dynamics for evaluating planning alternatives to guide a green industrial transformation in a resource-based city ［J］. Journal of Cleaner Production, 2015 (104)：403 - 412.

［237］ Kusi-Sarpong S. , Sarkis J. , Wang X. Assessing green supply chain practices in the Ghanaian mining industry：A framework and evaluation ［J］. International Journal of Production Economics, 2016 (181)：325 - 341.

［238］ Kwon T. H. A scenario analysis of CO_2 emission trends from car travel：Great Britain 2000—2030 ［J］. Transport Policy, 2005, 12 (2)：175 - 184.

［239］ Lane J. E. The crisis from the point of view of evolutionary economics ［J］. International Journal of Social Economics, 2010, 37 (6)：466 - 471.

［240］ Lanoie P. , Laurent L. J. , Johnstone N. , et al. Environmental policy, innovation and performance：New insights on the porter hypothesis ［J］. Journal of Economics & Management Strategy, 2011. 20 (3)：803 - 842.

［241］ Lehr U. , Lutz C. , Edler D. Green jobs? Economic impacts of renewable energy in Germany ［J］. Energy Policy, 2012 (47)：358 - 364.

［242］ Li G. , Fang C. Global mapping and estimation of ecosystem services values and gross domestic product：A spatially explicit integration of national "green GDP" accounting ［J］. Ecological Indicators, 2014 (46)：293 - 314.

［243］ Li H. , Mu H. , Zhang M. , et al. Analysis of regional difference on impact factors of China's energy-related CO_2 emissions ［J］. Energy, 2012, 39 (1)：319 - 326.

［244］ Li L. State rescaling and national new area development in China：The case of Chongqing Liangjiang [J]. Habitat International, 2015 (50): 80 –89.

[245] Li M. , Dong L. , Luan J. , et al. Do environmental regulations affect investors? Evidence from China's action plan for air pollution prevention [J]. Journal of Cleaner Production, 2020 (244): 118 –817.

[246] Li N. , Zhang X. , Shi M. , et al. The prospects of China's long-term economic development and CO_2 emissions under fossil fuel supply constraints [J]. Resources, Conservation and Recycling, 2017 (121): 11 –22.

[247] Li X. , Tian M. , Wang H. , et al. Development of an ecological security evaluation method based on the ecological footprint and application to a typical steppe region in China [J]. Ecological Indicators, 2014 (39): 153 – 159.

[248] Liang H. , Ren J. , Gao Z. , et al. Identification of critical success factors for sustainable development of biofuel industry in China based on grey decision-making trial and evaluation laboratory (DEMATEL) [J]. Journal of Cleaner Production, 2016 (131): 500 –508.

[249] Lin M. H. , Yang Y. Z. Environmental regulation and technology Innovation: Evidence from China [J]. Energy Procedia, 2011 (5): 572 –576.

[250] Liu X. , Ma S. , Tian J. , et al. A system dynamics approach to scenario analysis for urban passenger transport energy consumption and CO_2 emissions: A case study of Beijing [J]. Energy Policy, 2015 (85): 253 – 270.

[251] Lu J. , Li B. , Li H. , et al. Sustainability of enterprise export expansion from the perspective of environmental information disclosure [J]. Journal of Cleaner Production, 2020 (252): 119839.

[252] Martinelli A. , Midttun A. Globalization and governance for sustainability [J]. Corporate Governance, 2010, 10 (1): 6 – 17.

[253] Mensah C. N. , Long X. , Dauda L. , et al. Technological inno-

vation and green growth in the Organization for Economic Cooperation and Development economies [J]. Journal of Cleaner Production, 2019 (240): 118 - 204.

[254] Mishra S., Suar D. Does corporate social responsibility influence firm performance of Indian companies? [J]. Journal of Business Ethics, 2010, 95 (4): 571 - 601.

[255] Mitra R. Reconstituting "America": The clean energy economy ventriloquized [J]. Environmental Communication: A Journal of Nature & Culture, 2015, 10 (1/3): 269 - 288.

[256] Mittal V. K., Egede P., Herrmann C., et al. Comparison of drivers and barriers to green manufacturing: A case of India and Germany [M]. Springer Singapore, 2013: 723 - 728.

[257] Mundaca L., Román R., Cansino J. M. Towards a green energy economy? A macroeconomic-climate evaluation of Sweden's CO_2 emissions [J]. Applied Energy, 2015 (148): 196 - 209.

[258] Musango J. K., Brent A. C., Bassi A. M. Modelling the transition towards a green economy in South Africa [J]. Technological Forecasting & Social Change, 2014, 87 (9): 257 - 273.

[259] Newman L., Dale A. Limits to growth rates in an ethereal economy [J]. Futures, 2008, 40 (3): 261 - 267.

[260] Nielsen M., Ravensbeck L., Nielsen R. Green growth in fisheries [J]. Marine Policy, 2014, 46 (2): 43 - 52.

[261] OECD. Towards green growth: Monitoring progress-OECD indicators [R]. Paris: OECD, 2011.

[262] OECD. Declaration on green growth [R]. Paris: OECD, 2009.

[263] OECD. Interim report of the green growth strategy: Implementing our commitment for a sustainable future [R]. Paris: OECD, 2010.

[264] Padilla-Pérez R., Gaudin Y. Science, technology and innovation

policies in small and developing economies: The case of Central America [J]. Research Policy, 2014, 43 (4): 749 - 759.

[265] Park B. I. , Ghauri P. N. Determinants influencing CSR practices in small and medium sized MNE subsidiaries: A stakeholder perspective [J]. Journal of World Business, 2015, 50 (1): 192 - 204.

[266] Peng B. , Zheng C. , Wei G. , et al. The cultivation mechanism of green technology innovation in manufacturing industry: From the perspective of ecological niche [J]. Journal of Cleaner Production, 2020 (252): 119711.

[267] Pierce D. W. , Markandya A. , Barbier E. Blueprint for a green economy [M]. London: Earthscan. 1989.

[268] Pitkänen K. , Antikainen R. , Droste N. , et al. What can be learned from practical cases of green economy? ——Studies from five European countries [J]. Journal of Cleaner Production, 2016 (139): 666 - 676.

[269] Porter M. E. , Van der Linde C. Toward a new conception of the environment-competitiveness relationship [J]. Journal of Economic Perspectives, 1995, 9 (4): 97 - 118.

[270] Qu Y. , Yu Y. , Appolloni A. , et al. Measuring green growth efficiency for Chinese manufacturing industries [J]. Sustainability, 2017, 9 (4): 637.

[271] Quaas M. F. , Smulders S. Brown growth, green growth, and the efficiency of urbanization [J]. Environmental & Resource Economics, 2018, 71 (2): 529 - 549.

[272] Ramli N. A. , Munisamy S. Eco-efficiency in greenhouse emissions among manufacturing industries: A range adjusted measure [J]. Economic Modelling, 2015 (47): 219 - 227.

[273] Raworth K. A safe and just pace for humanity: Can we live within the doughnut? [J]. Oxfam Policy & Practice Climate Change & Resilience, 2012 (8): 1 - 26.

[274] Ren S. , Li X. , Yuan B. , et al. The effects of three types of environmental regulation on eco-efficiency: A cross-region analysis in China [J]. Journal of Cleaner Production, 2018 (173): 245 – 255.

[275] Romer P. M. Endogenous technological change [J]. Journal of Political Economy, 1990 (98): 71 – 102.

[276] Sarkis J. , Gonzalez-Torre P. , Adenso-Diaz B. Stakeholder pressure and the adoption of environmental practices: The mediating effect of training [J]. Journal of Operations Management, 2010, 28 (2): 163 – 176.

[277] Schmalensee R. From "Green Growth" to sound policies: An overview [J]. Energy Economics, 2012 (34): S2 – S6.

[278] Scott D. , Mcboyle G. , Minogue A. , et al. Climate change and the sustainability of ski-based tourism in Eastern North America: A reassessment [J]. Journal of Sustainable Tourism, 2006, 14 (4): 376 – 398.

[279] Severo E. A. , de Guimaraes J. C. F. , Henri Dorion E. C. , et al. Cleaner production, environmental sustainability and organizational performance: An empirical study in the Brazilian Metal-Mechanic industry [J]. Journal of Cleaner Production, 2015 (96): 118 – 125.

[280] Shang D. L. , Yin G. Z. , Li X. S. Analysis for Green Mine (phosphate) performance of China: An evaluation index system [J]. Resources Policy, 2015, 46: 71 – 84.

[281] Shen Z. , Baležentis T. , Chen X. , et al. Green growth and structural change in Chinese agricultural sector during 1997—2014 [J]. China Economic Review, 2018 (51): 83 – 96.

[282] Simonsen C. D. D. , Wenstop F. How stakeholders view stakeholders as CSR motivators [J]. Social Responsibility Journal, 2016, 9 (1): 137 – 147.

[283] Stoknes P. E. , Rockström J. Redefining green growth within planetary boundaries [J]. Energy Research & Social Science, 2018 (44):

41 – 49.

[284] Torgerson D. Rethinking politics for a green economy: A political approach to radical reform [J]. Social Policy & Administration, 2010, 35 (5): 472 – 489.

[285] Tseng M. L. A causal and effect decision making model of service quality expectation using grey-fuzzy DEMATEL approach [J]. Expert Systems with Applications, 2009, 36 (4): 7738 – 7748.

[286] Tzeng G. H. , Chiang C. H. , Li C. W. Evaluating intertwined effects in e-learning programs: A novel hybrid MCDM model based on factor analysis and DEMATEL [J]. Expert Systems with Applications, 2007, 32 (4): 1028 – 1044.

[287] UN, EC, IMF, et al. System of environmental-economic accounting: Central framework [R]. New York: United Nations, 2012.

[288] UNDP. Practitioner's guide: Capacity development for environmental sustainability [R]. New York: UNDP, 2011.

[289] UNEP. Measuring progress towards an inclusive green economy [R]. Nairobi: UNEP, 2012.

[290] UNEP. Towards a green economy: Pathways to sustainable development and poverty eradication [R]. Nairobi: UNEP, 2011.

[291] UNESCAP. MCED 2005 bulletin: A summary report of the fifth ministerial conference on environment and development in Asia and the Pacific [R]. Seoul: International Institute for Sustainable Development (IISD), 2005.

[292] Valentine S. V. Policies for enhancing corporate environmental management: A framework and an applied example [J]. Business Strategy & the Environment, 2012, 21 (5): 338 – 350.

[293] Van der Ploeg R. , Withagen C. Green growth, green paradox and the global economic crisis [J]. Environmental Innovation and Societal Transitions, 2013 (6): 116 – 119.

［294］ Vazquez-Brust D. , Smith A. , Sarkis J. Managing the transition to critical green growth: The "Green Growth State" ［J］. Futures, 2014, 64: 38 – 50.

［295］ Venkatachalam A. Low-carbon green growth in Asia: Policies and Practices ［R］. Hong Kong: Asian Development Bank and Asian Development Bank Institute. 2013.

［296］ Wang X. , Zhen F. , Huang X. , et al. Factors influencing the development potential of urban underground space: Structural equation model approach ［J］. Tunnelling and Underground Space Technology, 2013 (38): 235 – 243.

［297］ WB (World Bank). Inclusive Green Growth: The pathway to sustainable development ［R］. Washington: World Bank. 2012.

［298］ Wei B. , Wang S. , Li L. Fuzzy comprehensive evaluation of district heating systems ［J］. Energy Policy, 2010, 38 (10): 5947 – 5955.

［299］ Winfield M. , Dolter B. Energy, economic and environmental discourses and their policy impact: The case of Ontario's Green Energy and Green Economy Act ［J］. Energy Policy, 2014 (68): 423 – 435.

［300］ World Bank. Monitoring environment progress: A report on work in progress ［R］. Washington: World Bank. 1995.

［301］ Wu K. , Liao C. , Tseng M. , et al. Exploring decisive factors in green supply chain practices under uncertainty ［J］. International Journal of Production Economics, 2015 (159): 147 – 157.

［302］ Xia X. , Govindan K. , Zhu Q. Analyzing internal barriers for automotive parts remanufacturers in China using grey-DEMATEL approach ［J］. Journal of Cleaner Production, 2015 (87): 811 – 825.

［303］ Xu Y. , Da Q. A method for multiple attribute decision making with incomplete weight information under uncertain linguistic environment ［J］. Knowledge-Based Systems, 2008, 21 (8): 837 – 841.

[304] Xu Z. Uncertain linguistic aggregation operators based approach to multiple attribute group decision making under uncertain linguistic environment [J]. Information Sciences, 2004, 168 (1): 171 – 184.

[305] Yang F. , Yang M. Analysis on China's eco-innovations: Regulation context, intertemporal change and regional differences [J]. European Journal of Operational Research, 2015, 247 (3): 1003 – 1012.

[306] Yang L. , Wang K. Regional differences of environmental efficiency of China's energy utilization and environmental regulation cost based on provincial panel data and DEA method [J]. Mathematical and Computer Modelling, 2013, 58 (5): 1074 – 1083.

[307] Yi H. Clean energy policies and green jobs: An evaluation of green jobs in U. S. metropolitan areas [J]. Energy Policy, 2013 (56): 644 – 652.

[308] Yin J. , Zheng M. , Chen J. The effects of environmental regulation and technical progress on CO_2 Kuznets curve: An evidence from China [J]. Energy Policy, 2015 (77): 97 – 108.

[309] Ying Q. , Liu Y. , Nayak R. R. , et al. Sustainable development of eco-industrial parks in China: Effects of managers' environmental awareness on the relationships between practice and performance [J]. Journal of Cleaner Production, 2015, 87 (1): 328 – 338.

[310] Yu B. , Shen C. Environmental regulation and industrial capacity utilization: An empirical study of China [J]. Journal of Cleaner Production, 2020 (246): 118986.

[311] Zhang J. X. , Cai N. , Mao J. S. , et al. Independent innovation, technology introduction and green growth of industry in China: An empirical research based on industry heterogeneity [J]. Studies in Science of Science, 2015, 33 (2): 185 – 194.

[312] Zhang X. , Yousaf H. M. A. U. Green supply chain coordination

considering government intervention, green investment, and customer green preferences in the petroleum industry [J]. Journal of Cleaner Production, 2020 (246): 118984.

[313] Zhang Z., Lu W. X., Zhao Y., et al. Development tendency analysis and evaluation of the water ecological carrying capacity in the Siping area of Jilin Province in China based on system dynamics and analytic hierarchy process [J]. Ecological Modelling, 2014 (275): 9 – 21.

[314] Zhao X., Sun B. The influence of Chinese environmental regulation on corporation innovation and competitiveness [J]. Journal of Cleaner Production, 2016 (112): 1528 – 1536.

[315] Zhao X., Yin H., Zhao Y. Impact of environmental regulations on the efficiency and CO_2 emissions of power plants in China [J]. Applied Energy, 2015 (149): 238 – 247.

[316] Zhao X., Zhao Y., Zeng S., et al. Corporate behavior and competitiveness: Impact of environmental regulation on Chinese firms [J]. Journal of Cleaner Production, 2015 (86): 311 – 322.

[317] Zheng S., Yi H., Li H. The impacts of provincial energy and environmental policies on air pollution control in China [J]. Renewable & Sustainable Energy Reviews, 2015 (49): 386 – 394.

[318] Zhou Q., Yabar H., Mizunoya T., et al. Exploring the potential of introducing technology innovation and regulations in the energy sector in China: A regional dynamic evaluation model [J]. Journal of Cleaner Production, 2016 (112): 1537 – 1548.

[319] Zhu Q., Geng Y., Sarkis J., et al. Evaluating green supply chain management among Chinese manufacturers from the ecological modernization perspective [J]. Transportation Research Part E: Logistics and Transportation Review, 2011, 47 (6): 808 – 821.

[320] Zhu S., He C., Liu Y. Going green or going away: Environ-

mental regulation, economic geography and firms' strategies in China's pollu-
tion-intensive industries [J]. Geoforum, 2014 (55): 53 –65.

[321] Ziarko W. Variable precision rough set model [J]. Journal of
Computer & System Sciences, 1993, 46 (1): 39 –59.

附录 A 国家级新区绿色增长能力影响因素调查问卷

各位专家好！

请您对下表中 22 个因素之间的相互影响关系进行打分，因素之间关系的强弱分为 5 个等级，即 "0 – 没有影响" "1 – 稍微影响" "2 – 中度影响" "3 – 较强影响" 和 "4 – 影响很大"。各因素之间存在着相互影响的作用（即对角线上下方均需要打分），且彼此的影响程度可以相同，也可以不同。

影响因素		C1	C2	C3	C4	C5	C6	C7	C8	C9	C10	C11	C12	C13	C14	C15	C16	C17	C18	C19	C20	C21	C22
财政投入力度	C1	0																					
财政补贴力度	C2		0																				
法律法规完善性	C3			0																			
政府监管执行力	C4				0																		
绿色宣传服务力度	C5					0																	
对外合作协商服务水平	C6						0																
企业高层管理者的文化水平与绿色意识	C7							00															

续表

影响因素		C1	C2	C3	C4	C5	C6	C7	C8	C9	C10	C11	C12	C13	C14	C15	C16	C17	C18	C19	C20	C21	C22
企业员工环境意识与学习能力	C8								0														
企业绿色管理实践	C9									0													
企业主要竞争者的绿色管理实践	C10										0												
绿色技术进步与创新能力	C11											0											
企业绿色文化	C12												0										
加强非政府组织（NGO）与政府的合作与企业的合作	C13													0									
非政府组织（NGO）监督政府与企业绿色活动的执行情况	C14														0								
非政府组织（NGO）为企业绿色管理活动提供指导、培训与资金支持	C15															0							
非政府组织（NGO）通过宣传增强居民与消费者的环保意识	C16																0						
消费者环保意识	C17																	0					
消费者绿色消费需求	C18																		0				
消费者对绿色产品价格与绿色产品质量的认同	C19																			0			
消费者对品牌的忠诚度	C20																				0		
当地居民的环境意识	C21																					0	
当地居民的参与程度	C22																						0

附录 B 国家级新区绿色增长能力影响因素的综合影响矩阵 T

影响因素	C1	C2	C3	C4	C5	C6	C7	C8	C9	C10	C11	C12	C13	C14	C15	C16	C17	C18	C19	C20	C21	C22
C1	0	0	0	0	0	0	0	0	0	0	0	0	0	0	0	0	0	0	0	0	0	0
C2	0	0	0	0	0	0	0	0	0	0	0	0	0	0	0	0	0	0	0	0	0	0
C3	0	0	0	0	0	0	0	0	0	0	0	0	0	0	0	0	0	0	0	0	0	0
C4	0	0	0	0	0	0	0	0	0	0	0	0	0	0	0	0	0	0	0	0	0	0
C5	0	0	0	0	0	0	0	0	0	0	0	0	0	0	0	0	0	0	0	0	0	0
C6	0	0	0	0	0	0	0	0	0	0	0	0	0	0	0	0	0	0	0	0	0	0
C7	0	0	0	0	0	0	0	0	0	0	0	0	0	0	0	0	0	0	0	0	0	0
C8	0	0	0	0	0	0	0	0	0	0	0	0	0	0	0	0	0	0	0	0	0	0
C9	0	0	0	0	0	0	0	0	0	0	0	0	0	0	0	0	0	0	0	0	0	0
C10	0	0	0	0	0	0	0	0	0	0	0	0	0	0	0	0	0	0	0	0	0	0

续表

影响因素	C1	C2	C3	C4	C5	C6	C7	C8	C9	C10	C11	C12	C13	C14	C15	C16	C17	C18	C19	C20	C21	C22
C11	0	0	0	0	0	0	0	0	0	0	0	0	0	0	0	0	0	0	0	0	0	0
C12	0	0	0	0	0	0	0	0	0	0	0	0	0	0	0	0	0	0	0	0	0	0
C13	0	0	0	0	0	0	0	0	0	0	0	0	0	0	0	0	0	0	0	0	0	0
C14	0	0	0	0	0	0	0	0	0	0	0	0	0	0	0	0	0	0	0	0	0	0
C15	0	0	0	0	0	0	0	0	0	0	0	0	0	0	0	0	0	0	0	0	0	0
C16	0	0	0	0	0	0	0	0	0	0	0	0	0	0	0	0	0	0	0	0	0	0
C17	0	0	0	0	0	0	0	0	0	0	0	0	0	0	0	0	0	0	0	0	0	0
C18	0	0	0	0	0	0	0	0	0	0	0	0	0	0	0	0	0	0	0	0	0	0
C19	0	0	0	0	0	0	0	0	0	0	0	0	0	0	0	0	0	0	0	0	0	0
C20	0	0	0	0	0	0	0	0	0	0	0	0	0	0	0	0	0	0	0	0	0	0
C21	0	0	0	0	0	0	0	0	0	0	0	0	0	0	0	0	0	0	0	0	0	0
C22	0	0	0	0	0	0	0	0	0	0	0	0	0	0	0	0	0	0	0	0	0	0

附录 C 国家级新区绿色增长能力评价指标重要性调查问卷

问卷说明：请结合国家级新区绿色增长能力形成的贝叶斯网络结构图，考虑其前置因素的条件状态，对各要素发生的概率进行评价，并在相应选项的"□"中打"√"。

条件状态				绿色增长能力发生的条件概率
管理创新不发生	绿色投资不发生	技术创新不发生	企业绿色意识不发生	公众绿色意识不发生	□非常低 □低 □偏低 □中等 □偏高 □高 □非常高
				公众绿色意识发生	□非常低 □低 □偏低 □中等 □偏高 □高 □非常高
			企业绿色意识发生	公众绿色意识不发生	□非常低 □低 □偏低 □中等 □偏高 □高 □非常高
				公众绿色意识发生	□非常低 □低 □偏低 □中等 □偏高 □高 □非常高
		技术创新发生	企业绿色意识不发生	公众绿色意识不发生	□非常低 □低 □偏低 □中等 □偏高 □高 □非常高
				公众绿色意识发生	□非常低 □低 □偏低 □中等 □偏高 □高 □非常高
			企业绿色意识发生	公众绿色意识不发生	□非常低 □低 □偏低 □中等 □偏高 □高 □非常高
				公众绿色意识发生	□非常低 □低 □偏低 □中等 □偏高 □高 □非常高

续表

条件状态					绿色增长能力发生的条件概率						
管理创新	绿色投资	技术创新	企业绿色意识	公众绿色意识	非常低	低	偏低	中等	偏高	高	非常高
管理创新不发生	绿色投资发生	技术创新不发生	企业绿色意识不发生	公众绿色意识不发生	□非常低	□低	□偏低	□中等	□偏高	□高	□非常高
				公众绿色意识发生	□非常低	□低	□偏低	□中等	□偏高	□高	□非常高
			企业绿色意识发生	公众绿色意识不发生	□非常低	□低	□偏低	□中等	□偏高	□高	□非常高
				公众绿色意识发生	□非常低	□低	□偏低	□中等	□偏高	□高	□非常高
		技术创新发生	企业绿色意识不发生	公众绿色意识不发生	□非常低	□低	□偏低	□中等	□偏高	□高	□非常高
				公众绿色意识发生	□非常低	□低	□偏低	□中等	□偏高	□高	□非常高
			企业绿色意识发生	公众绿色意识不发生	□非常低	□低	□偏低	□中等	□偏高	□高	□非常高
				公众绿色意识发生	□非常低	□低	□偏低	□中等	□偏高	□高	□非常高
管理创新发生	绿色投资不发生	技术创新不发生	企业绿色意识不发生	公众绿色意识不发生	□非常低	□低	□偏低	□中等	□偏高	□高	□非常高
				公众绿色意识发生	□非常低	□低	□偏低	□中等	□偏高	□高	□非常高
			企业绿色意识发生	公众绿色意识不发生	□非常低	□低	□偏低	□中等	□偏高	□高	□非常高
				公众绿色意识发生	□非常低	□低	□偏低	□中等	□偏高	□高	□非常高
		技术创新发生	企业绿色意识不发生	公众绿色意识不发生	□非常低	□低	□偏低	□中等	□偏高	□高	□非常高
				公众绿色意识发生	□非常低	□低	□偏低	□中等	□偏高	□高	□非常高
			企业绿色意识发生	公众绿色意识不发生	□非常低	□低	□偏低	□中等	□偏高	□高	□非常高
				公众绿色意识发生	□非常低	□低	□偏低	□中等	□偏高	□高	□非常高

续表

条件状态					绿色增长能力发生的条件概率
管理创新发生	绿色投资发生	技术创新不发生	企业绿色意识不发生	公众绿色意识不发生	□非常低 □低 □偏低 □中等 □偏高 □高 □非常高
				公众绿色意识发生	□非常低 □低 □偏低 □中等 □偏高 □高 □非常高
			企业绿色意识发生	公众绿色意识不发生	□非常低 □低 □偏低 □中等 □偏高 □高 □非常高
				公众绿色意识发生	□非常低 □低 □偏低 □中等 □偏高 □高 □非常高
		技术创新发生	企业绿色意识不发生	公众绿色意识不发生	□非常低 □低 □偏低 □中等 □偏高 □高 □非常高
				公众绿色意识发生	□非常低 □低 □偏低 □中等 □偏高 □高 □非常高
			企业绿色意识发生	公众绿色意识不发生	□非常低 □低 □偏低 □中等 □偏高 □高 □非常高
				公众绿色意识发生	□非常低 □低 □偏低 □中等 □偏高 □高 □非常高

条件状态				管理创新发生的条件概率
企业绿色实践不发生	政府投入不发生	政府监管与宣传不发生	非政府组织（NGO）监督与宣传不发生	□非常低 □低 □偏低 □中等 □偏高 □高 □非常高
			非政府组织（NGO）监督与宣传发生	□非常低 □低 □偏低 □中等 □偏高 □高 □非常高
		政府监管与宣传发生	非政府组织（NGO）监督与宣传不发生	□非常低 □低 □偏低 □中等 □偏高 □高 □非常高
			非政府组织（NGO）监督与宣传发生	□非常低 □低 □偏低 □中等 □偏高 □高 □非常高
	政府投入发生	政府监管与宣传不发生	非政府组织（NGO）监督与宣传不发生	□非常低 □低 □偏低 □中等 □偏高 □高 □非常高
			非政府组织（NGO）监督与宣传发生	□非常低 □低 □偏低 □中等 □偏高 □高 □非常高
		政府监管与宣传发生	非政府组织（NGO）监督与宣传不发生	□非常低 □低 □偏低 □中等 □偏高 □高 □非常高
			非政府组织（NGO）监督与宣传发生	□非常低 □低 □偏低 □中等 □偏高 □高 □非常高

管理创新发生的条件概率

	条件状态		□非常低	□低	□偏低	□中等	□偏高	□高	□非常高
企业绿色实践发生	政府投入不发生	政府监管与宣传不发生　非政府组织（NGO）监督与宣传不发生	□非常低	□低	□偏低	□中等	□偏高	□高	□非常高
		政府监管与宣传不发生　非政府组织（NGO）监督与宣传发生	□非常低	□低	□偏低	□中等	□偏高	□高	□非常高
		政府监管与宣传发生　非政府组织（NGO）监督与宣传不发生	□非常低	□低	□偏低	□中等	□偏高	□高	□非常高
		政府监管与宣传发生　非政府组织（NGO）监督与宣传发生	□非常低	□低	□偏低	□中等	□偏高	□高	□非常高
	政府投入发生	政府监管与宣传不发生　非政府组织（NGO）监督与宣传不发生	□非常低	□低	□偏低	□中等	□偏高	□高	□非常高
		政府监管与宣传不发生　非政府组织（NGO）监督与宣传发生	□非常低	□低	□偏低	□中等	□偏高	□高	□非常高
		政府监管与宣传发生　非政府组织（NGO）监督与宣传不发生	□非常低	□低	□偏低	□中等	□偏高	□高	□非常高
		政府监管与宣传发生　非政府组织（NGO）监督与宣传发生	□非常低	□低	□偏低	□中等	□偏高	□高	□非常高

绿色投资发生的条件概率

	条件状态		□非常低	□低	□偏低	□中等	□偏高	□高	□非常高
企业绿色实践不发生	政府投入不发生	政府监管与宣传不发生　非政府组织（NGO）监督与宣传不发生	□非常低	□低	□偏低	□中等	□偏高	□高	□非常高
		政府监管与宣传不发生　非政府组织（NGO）监督与宣传发生	□非常低	□低	□偏低	□中等	□偏高	□高	□非常高
		政府监管与宣传发生　非政府组织（NGO）监督与宣传不发生	□非常低	□低	□偏低	□中等	□偏高	□高	□非常高
		政府监管与宣传发生　非政府组织（NGO）监督与宣传发生	□非常低	□低	□偏低	□中等	□偏高	□高	□非常高
	政府投入发生	政府监管与宣传不发生　非政府组织（NGO）监督与宣传不发生	□非常低	□低	□偏低	□中等	□偏高	□高	□非常高
		政府监管与宣传不发生　非政府组织（NGO）监督与宣传发生	□非常低	□低	□偏低	□中等	□偏高	□高	□非常高
		政府监管与宣传发生　非政府组织（NGO）监督与宣传不发生	□非常低	□低	□偏低	□中等	□偏高	□高	□非常高
		政府监管与宣传发生　非政府组织（NGO）监督与宣传发生	□非常低	□低	□偏低	□中等	□偏高	□高	□非常高

续表

条件状态			绿色投资发生的条件概率
企业绿色实践发生	政府投入不发生	政府监管与宣传不发生	非政府组织（NGO）监督与宣传不发生	□非常低 □低 □偏低 □中等 □偏高 □高 □非常高
		政府监管与宣传不发生	非政府组织（NGO）监督与宣传发生	□非常低 □低 □偏低 □中等 □偏高 □高 □非常高
		政府监管与宣传发生	非政府组织（NGO）监督与宣传不发生	□非常低 □低 □偏低 □中等 □偏高 □高 □非常高
		政府监管与宣传发生	非政府组织（NGO）监督与宣传发生	□非常低 □低 □偏低 □中等 □偏高 □高 □非常高
	政府投入发生	政府监管与宣传不发生	非政府组织（NGO）监督与宣传不发生	□非常低 □低 □偏低 □中等 □偏高 □高 □非常高
		政府监管与宣传不发生	非政府组织（NGO）监督与宣传发生	□非常低 □低 □偏低 □中等 □偏高 □高 □非常高
		政府监管与宣传发生	非政府组织（NGO）监督与宣传不发生	□非常低 □低 □偏低 □中等 □偏高 □高 □非常高
		政府监管与宣传发生	非政府组织（NGO）监督与宣传发生	□非常低 □低 □偏低 □中等 □偏高 □高 □非常高

条件概率	企业绿色意识发生的条件概率
公共绿色消费发生	□非常低 □低 □偏低 □中等 □偏高 □高 □非常高
公共绿色消费不发生	□非常低 □低 □偏低 □中等 □偏高 □高 □非常高

条件概率		技术创新发生的条件概率
企业绿色意识不发生	公共绿色消费发生	绿色投资不发生	□非常低 □低 □偏低 □中等 □偏高 □高 □非常高
		绿色投资发生	□非常低 □低 □偏低 □中等 □偏高 □高 □非常高
	公共绿色消费不发生	绿色投资不发生	□非常低 □低 □偏低 □中等 □偏高 □高 □非常高
		绿色投资发生	□非常低 □低 □偏低 □中等 □偏高 □高 □非常高

续表

技术创新发生的条件概率

条件概率		□非常低	□低	□偏低	□中等	□偏高	□高	□非常高
企业绿色意识发生	公共绿色消费不发生	绿色投资不发生	□非常低	□低	□偏低	□中等	□偏高	□高	□非常高
		绿色投资发生	□非常低	□低	□偏低	□中等	□偏高	□高	□非常高
	公共绿色消费发生	绿色投资不发生	□非常低	□低	□偏低	□中等	□偏高	□高	□非常高
		绿色投资发生	□非常低	□低	□偏低	□中等	□偏高	□高	□非常高

创业警觉性（A5）发生的条件概率

条件概率			□非常低	□低	□偏低	□中等	□偏高	□高	□非常高
政府投入不发生	政府监管与宣传不发生	非政府组织（NGO）监督与宣传不发生	□非常低	□低	□偏低	□中等	□偏高	□高	□非常高
		非政府组织（NGO）监督与宣传发生	□非常低	□低	□偏低	□中等	□偏高	□高	□非常高
	政府监管与宣传发生	非政府组织（NGO）监督与宣传不发生	□非常低	□低	□偏低	□中等	□偏高	□高	□非常高
		非政府组织（NGO）监督与宣传发生	□非常低	□低	□偏低	□中等	□偏高	□高	□非常高
政府投入发生	政府监管与宣传不发生	非政府组织（NGO）监督与宣传不发生	□非常低	□低	□偏低	□中等	□偏高	□高	□非常高
		非政府组织（NGO）监督与宣传发生	□非常低	□低	□偏低	□中等	□偏高	□高	□非常高
	政府监管与宣传发生	非政府组织（NGO）监督与宣传不发生	□非常低	□低	□偏低	□中等	□偏高	□高	□非常高
		非政府组织（NGO）监督与宣传发生	□非常低	□低	□偏低	□中等	□偏高	□高	□非常高

公共绿色消费（A6）发生的条件概率

条件状态		□非常低	□低	□偏低	□中等	□偏高	□高	□非常高
公共绿色意识不发生	非政府组织（NGO）监督与宣传不发生	□非常低	□低	□偏低	□中等	□偏高	□高	□非常高
	非政府组织（NGO）监督与宣传发生	□非常低	□低	□偏低	□中等	□偏高	□高	□非常高
公共绿色意识发生	非政府组织（NGO）监督与宣传不发生	□非常低	□低	□偏低	□中等	□偏高	□高	□非常高
	非政府组织（NGO）监督与宣传发生	□非常低	□低	□偏低	□中等	□偏高	□高	□非常高

后　记

　　在全球经济持续低迷、生态环境不断恶化的现实背景下，绿色增长作为追求经济增长同时又能有效解决资源与环境问题的新型增长方式，已被国际社会公认为"世界经济转型的突破口和推进可持续发展的新思路。"中国通过设立国家级新区，在发展经济的同时也在开展经济发展方式转变综合改革试验。经过多年改革探索，绿色增长已然成为必由之路，不断提升国家级新区的绿色增长能力是发展的共识。但国家级新区的绿色增长实践、影响因素、政策及测度评价处于不断探索阶段，尚未形成国家级新区绿色增长的理论体系和方法体系。鉴于此，本书对国家级新区绿色增长的影响因素、形成机理与测度评价进行了系统研究，并在此基础上，着重探讨了国家级新区绿色增长能力提升路径，得出了重要结论，对中国国家级新区绿色增长能力提升及可行路径选择提供了决策参考。虽然本书的研究取得了一些有价值的成果，但是，仍存在不足之处，值得今后进行深入研究：一是在国家级新区绿色增长能力形成机理分析中，利益相关者的深度参与、沟通机制等重要影响因素尚未考虑；二是在国家级绿色增长能力评价中，绿色产业比重、绿色产业从业人员、绿色产业技术等重点指标，未予以考虑，今后，将加强对绿色产业和绿色技术实际发展情况的调研；三是国家级新区绿色增长能力实现路径的完整性与全面性还需进一步完善与加强。

　　本书是在辽宁省教育厅青年项目"'一带一路'建设背景下大连自贸片区国际物流发展策略研究"（WQ2020011）的支持下完成的。

　　经济科学出版社的王柳松编辑在本书出版过程中，给予了细致的编辑加工工作，在此予以感谢。

　　限于作者学术研究水平，书中难免存在诸多疏漏和不足之处，恳请读者批评指正。

　　　　　　　　　　　　　　　　　　　　赵东方
　　　　　　　　　　　　　　　　　2022 年 2 月于大连